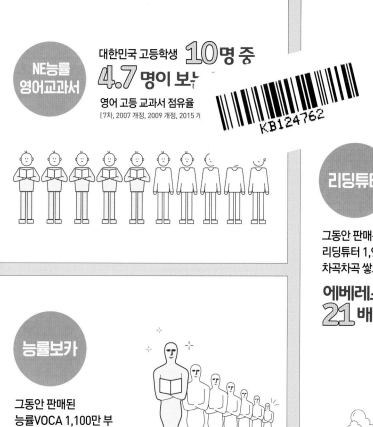

NE능률 영어교과서

대한민국 고등학생 **10**명 중 **4.7** 명이 보는

영어 고등 교과서 점유율
(7차, 2007 개정, 2009 개정, 2015 개정)

KB124762

리딩튜터

READING TUTOR

그동안 판매된
리딩튜터 1,900만 부
차곡차곡 쌓으면 19만 미터

에베레스트 21 배 높이

190,000m

에베레스트 8,848m

능률보카

그동안 판매된
능률VOCA 1,100만 부

대한민국 박스오피스
**천만명을 넘은 영화
단 28**개

VOCA

그래머존

그동안 판매된 450만 부의 그래머존을 바닥에 쭉 ~ 깔면
1000km 서울-부산 왕복가능

서울

부산

주니어 능률
VOCA 숙어

지은이	김승영, 고지영
선임연구원	김지현, 신유승
연구원	조유람, 채민정, 이정민
영문 교열	Patrick Ferraro, August Niederhaus
표지 · 내지 디자인	민유화, 조가영
맥편집	이인선
영업	한기영, 이경구, 박인규, 정철교, 김남준, 이우현
마케팅	박혜선, 남경진, 이지원, 김여진
Photo Credits	Shutter Stock

NE능률이
미래를
창조합니다.

건강한 배움의 고객가치를 제공하겠다는 꿈을 실현하기 위해
40년이 넘는 시간 동안 열심히 달려왔습니다.

앞으로도 끊임없는 연구와 노력을 통해
당연한 것을 멈추지 않고

고객, 기업, 직원 모두가 함께 성장하는 NE능률이 되겠습니다.

NE_Books

NE능률의 모든 교재가 한 곳에 - 엔이 북스

www.nebooks.co.kr ▼

NE능률의 유초등 교재부터 중고생 참고서,
토익·토플 수험서와 일반 영어까지!
PC는 물론 태블릿 PC, 스마트폰으로 언제 어디서나
NE능률의 교재와 다양한 학습 자료를 만나보세요.

✓ 필요한 부가 학습 자료 바로 찾기
✓ 주요 인기 교재들을 한눈에 확인
✓ 나에게 딱 맞는 교재를 찾아주는 스마트 검색
✓ 함께 보면 좋은 교재와 다음 단계 교재 추천
✓ 회원 가입, 교재 후기 작성 등 사이트 활동 시 NE Point 적립

건강한
배움의 즐거움

NE 능률

영어교과서 리딩튜터 능률보카 빠른독해 바른독해 수능만만 월등한 개념 수학 유형더블

NE_Build & Grow NE_Times NE_Kids(굿잡,상상수프) NE_능률 주니어랩 아이챔린지

· 중학 교과서 필수 어휘 60일 완성 ·

주니어 능률
VOCA

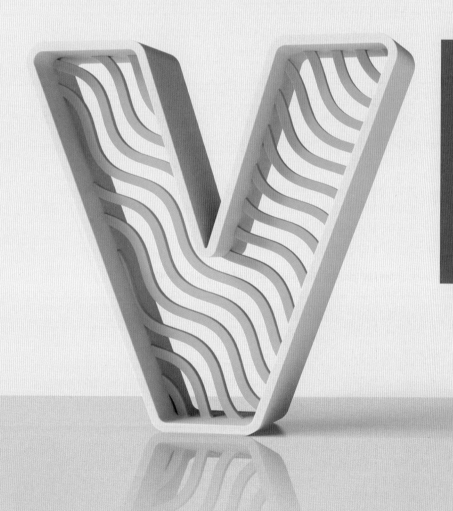

입문

구성과 특징

> **독창적·독보적 6가지 강점**
> 이 책은 중학생이 꼭 알아야 할 영숙어 전부를 진짜로 외울 수밖에 없게 만드는 과학적
> 학습 과정 그 자체입니다. 여기에는 암기 과학을 실현하는 독창적·독보적 장치가 작동하고
> 있습니다.

01 새 교육과정 중학 교과서 컴퓨터 검색을 통한 빈도순 배열

새 교육과정 중학 교과서를 컴퓨터와 손으로 일일이 검색해서 자주 나오는 순서(빈도순)대로
필수 숙어 600개와 업그레이딩 숙어 100개 총 700개를 뽑았습니다.

02 동사/형용사/전치사·부사어 중심 표현으로 구분한 후 컬러화

[동사 중심 표현], [형용사 중심 표현], [전치사 중심 표현·부사어]로 나누어 컬러화해서 각각
많이 나오는 순서대로 체계적으로 배열했습니다.

03 1일 10개씩 암기, 관련 숙어의 반복 등장

하루에 10개의 숙어만 외우면 됩니다. 많이 나오는 것부터 외우니 성과가 곧 나타납니다.
비슷한 것·반대되는 것·비교되는 것을 본 숙어 밑에 달아놓아 잊어버릴 때쯤 되면 신기하게도
다시 반복해서 등장합니다.

04 모든 예문의 문제화, 즐거운 테스트를 통한 심화 암기

700개의 표준 예문을 모두 문제화해 제시하였습니다. 아울러 심화 테스트를 통해 재미있게
문제를 풀면서 익힐 수 있습니다. 문제를 푸는 행위는 주체적·능동적으로 암기하는 가장
효과적인 방법입니다.

05 숙어장 그 이상의 책

영어 문장 이해의 든든한 밑바탕 [구문 표현]
전치사·부사의 관점에서 숙어를 정리해 놓은 [전치사·부사의 힘]
상황별로 중요한 회화 표현들을 망라해 놓은 [이럴 땐 이렇게!]
그날 나온 숙어를 품고 삶의 지혜를 깨우치는 명언 코너

06 중학 영숙어의 표준 『중학 필수 미니 영숙어 사전』

새 교육과정 중학 교과서를 검색해 실제로 자주 쓰이는 숙어의 의미만 추려 실은 작지만
알찬 사전이 따로 마련되어 있습니다.

약호·기호

| 동 동사 원형 | 명 명사 | 유 유의어 | 반 반의어 | 비교 비교어 |
| [ ] 대체 가능 어구 | ( ) 생략 가능 어구·보충 설명 | / 공동 적용 어구 |

CONTENTS

학습계획

* DAY별로 1차, 2차 학습일을 체크해보세요.

DAY	1차 학습일		2차 학습일		DAY	1차 학습일		2차 학습일	
01	월	일	월	일	31	월	일	월	일
02	월	일	월	일	32	월	일	월	일
03	월	일	월	일	33	월	일	월	일
04	월	일	월	일	34	월	일	월	일
05	월	일	월	일	35	월	일	월	일
06	월	일	월	일	36	월	일	월	일
07	월	일	월	일	37	월	일	월	일
08	월	일	월	일	38	월	일	월	일
09	월	일	월	일	39	월	일	월	일
10	월	일	월	일	40	월	일	월	일
11	월	일	월	일	41	월	일	월	일
12	월	일	월	일	42	월	일	월	일
13	월	일	월	일	43	월	일	월	일
14	월	일	월	일	44	월	일	월	일
15	월	일	월	일	45	월	일	월	일
16	월	일	월	일	46	월	일	월	일
17	월	일	월	일	47	월	일	월	일
18	월	일	월	일	48	월	일	월	일
19	월	일	월	일	49	월	일	월	일
20	월	일	월	일	50	월	일	월	일
21	월	일	월	일	51	월	일	월	일
22	월	일	월	일	52	월	일	월	일
23	월	일	월	일	53	월	일	월	일
24	월	일	월	일	54	월	일	월	일
25	월	일	월	일	55	월	일	월	일
26	월	일	월	일	56	월	일	월	일
27	월	일	월	일	57	월	일	월	일
28	월	일	월	일	58	월	일	월	일
29	월	일	월	일	59	월	일	월	일
30	월	일	월	일	60	월	일	월	일

DAY
01-60

동사 중심 표현

01 be going to ⓥ

…할 예정이다, …할 것 같다

⊕ will …할 것이다   be about to ⓥ 막 …하려고 하다

02 have to ⓥ

…해야 한다, …하지 않으면 안 된다

⊕ have got to ⓥ, must, should, ought to ⓥ
⊕ don't have to ⓥ, need not …할 필요가 없다
　　must not …해서는 안 된다(금지)

03 look at

보다, 바라보다

⊕ see, watch, have[take] a look at
• look at 주의해서 보다   see 저절로 보다   watch 움직이는 것을 보다
[비교] look for 찾다   look after 돌보다
　　look up[down] at 올려다[내려다] 보다

04 think about[of]

…에 대해 생각하다, 숙고하다

05 want to ⓥ

…하고 싶다

⊕ would like[love] to ⓥ

형용사 중심 표현

06 be interested in

…에 관심[흥미]이 있다

전치사 중심 표현 · 부사어

07 a little

조금(의), 소량(의)

• a little 조금 있는(긍정의 의미)   little 거의 없는(부정의 의미)
• a little+셀 수 없는 명사(양)   a few+셀 수 있는 복수명사(수)

08 a lot of [lots of]

많은

• 뒤에 셀 수 있는 명사와 셀 수 없는 명사 둘 다 올 수 있음.
⊕ many[much], plenty of, a great deal of
[비교] a lot 매우, (비교급 앞에서) 훨씬, 많은 것

09 one of

… 중 하나

[비교] some of …의 일부   most of …의 대부분   all of …의 모두

잘 만났다 구문 표현!

10 There be ⓝ

…이 있다

• There is+a[an] 단수명사   There are+복수명사

핵심 예문

정답 p.270

1 우리는 오늘 밤에 저녁 식사하러 밖에 나갈 거야.
   We a_____ eat dinner outside tonight.

2 나는 숙제를 해야 한다.
   I h_____ do my homework.

3 하늘에 떠있는 아름다운 연들을 봐.
   L_____ the beautiful kites in the sky.

4 그 영화에 대해 어떻게 생각했니?
   What did you t_____ the movie?

5 난 너와 함께 가고 싶어.
   I w_____ go with you.

형용사 중심 표현

6 그는 한국 역사에 관심이 있다.
   He i_____ Korean history.

전치사 중심 표현 · 부사어

7 그녀는 조금 화가 났다.
   She got a_____ angry.

   그는 약간의 돈을 저축했다.
   He saved a_____ money.

8 인터넷은 우리에게 많은 정보를 준다.
   The Internet gives us a_____ information.

9 그것은 내가 가장 좋아하는 노래 중 하나다.
   It's o_____ my favorite songs.

잘 만났다 구문 표현!

10 책상에 책 한 권이 있다.
   T_____ a book on the desk.

   식탁에 접시 세 개가 있다.
   T_____ three dishes on the table.

7

REVIEW TEST

A   다음 표현의 뜻을 우리말로 쓰세요.

1 be going to ⓥ

2 have to ⓥ

3 look at

4 think about[of]

5 want to ⓥ

6 be interested in

7 a little

8 a lot of [lots of]

9 one of

10 There be ⓝ

B   다음 빈칸에 알맞은 말을 보기 에서 골라 적절히 고쳐 쓰세요.

보기   be interested in   look at   one of   think of   want to

1 그는 그녀를 만나고 싶어 해.

He _____ meet her.

2 그들은 파란 하늘을 쳐다보았다.

They _____ the blue sky.

3 그녀는 동식물에 관심이 있어.

She _____ plants and animals.

4 우리는 다른 사람들에 대해서 생각해야 해.

We should _____ other people.

5 축구는 가장 인기 있는 스포츠 중 하나다.

Football is _____ the most popular sports.

C   밑줄 친 부분에 유의하여 우리말로 옮기세요.

He looks a little tired.

She has a little money.

D 다음 문장의 밑줄 친 부분과 바꿔 쓸 수 있는 것을 보기 에서 고르세요.

> 보기   many   much   must   will

1 I <u>have to</u> go now. 난 지금 가야 해.

2 There are <u>a lot of</u> people there. 거기에는 많은 사람들이 있어.

3 They spend <u>a lot of</u> time together. 그들은 많은 시간을 함께 보낸다.

4 I <u>am going to</u> visit my grandparents tomorrow. 난 내일 조부모님 댁을 방문할 거야.

E 오늘의 구문 표현을 넣어 문장을 완성하세요.

1 _____ a park in the city.
그 도시에는 공원이 하나 있다.

2 _____ a lot of mountains in Korea.
한국에는 많은 산들이 있다.

전치사의 힘

of …의 / …에 대해 / …로

- **a kind of** plants 식물의 일종
- **part of** nature 자연의 일부
- **one of** my brothers 내 형제들 중의 한 명
- **some of** my money 내 돈의 일부
- **think/dream/hear/talk of** …에 대해 생각하다/꿈꾸다/듣다/말하다
- **be afraid/ashamed/proud of** …을 무서워/부끄러워/자랑스러워하다
- The box **is full of** candies and chocolate. 그 상자는 사탕과 초콜릿으로 가득 차 있다.
- The bridge **is made of** stone. 그 다리는 돌로 만들어져 있다.
- He **died of** cancer. 그는 암으로 죽었다.
- of+추상명사=형용사 / **of use** 유용한(=useful)

➕ *A little* knowledge is dangerous. 조금 알면 오히려 위험하다.(선무당이 사람 잡는다.)

9

01 enjoy ⓥ-ing　…하는 것을 즐기다

비교 enjoy oneself 즐기다, 즐겁게 보내다

02 listen to ⓝ　…에 귀를 기울이다, 경청하다

유 hear 듣다
• *listen to* 의식적으로 귀를 기울여 듣다　*hear* 그냥 들려서 듣다

03 talk about[of]　…에 관해 말[이야기]하다

04 try to ⓥ　…하려고 노력하다

비교 try ⓥ-ing (시험 삼아) …해보다, 시도하다

05 would like[love] to ⓥ　…하고 싶다

유 want to ⓥ
• *Would you like to* ⓥ*?* …하시겠습니까?
• *would like A to* ⓥ A가 …하기를 원하다

06 be good for　…에 유익하다, …에 적합하다

비교 be good at …에 능숙하다

07 a lot　매우, (비교급 앞에서) 훨씬, 많은 것

비교 a lot of [lots of] 많은

08 each other　서로

유 one another
• *each other*는 둘, *one another*는 셋 이상에 쓰임이 원칙이지만 이 구별은 종종 무시됨.

09 on weekends [on the weekend]　주말에

비교 last/this/next weekend 지난/이번/다음 주말에

10 to[in order to] ⓥ　…하기 위하여(목적)

핵심 예문

정답 p.270

동사 중심 표현

1 그들은 컴퓨터 게임하는 것을 즐긴다.
They e_____ playing computer games.

2 나는 종종 영어 팝송을 듣는다.
I often l_____ English pop songs.

3 그들은 자신들의 계획에 관해 이야기했다.
They t_____ their plans.

4 나는 열심히 공부하려고 노력한다.
I t_____ study hard.

5 나는 너의 좋은 친구가 되고 싶어.
I w_____ be your good friend.

형용사 중심 표현

6 신선한 채소는 건강에 유익하다.
The fresh vegetables a_____ your health.

전치사 중심 표현 · 부사어

7 정말 고마워. Thanks a_____.

그는 그녀보다 훨씬 더 키가 크다. He is a_____ taller than her.

나는 아직 배워야 할 많은 것이 있다. I still have a_____ to learn.

8 그들은 서로 잘 안다.
They know e_____ well.

9 그 사무실은 주말에 문을 닫는다.
The office is closed o_____.

잘 만났다 구문 표현!

10 그녀는 영어를 배우기 위해서 미국에 갔다.
She went to America t_____ learn English.

그는 시험에 합격하기 위해서 열심히 공부한다.
He studies hard i_____ pass the exam.

REVIEW TEST

DAY 02

A 다음 표현의 뜻을 우리말로 쓰세요.

1 enjoy ⓥ-ing

2 listen to ⓝ

3 talk about[of]

4 try to ⓥ

5 would like[love] to ⓥ

6 be good for

7 a lot

8 each other

9 on weekends [on the weekend]

10 to[in order to] ⓥ

B 다음 빈칸에 알맞은 말을 보기 에서 골라 적절히 고쳐 쓰세요.

보기   listen to   talk about   would like to

1 난 너를 돕고 싶어.

   I _____ help you.

2 넌 내 말을 들어야 해.

   You have to _____ me.

3 오늘 우리의 장래에 대해서 이야기하자.

   Let's _____ our future today.

C 우리말과 뜻이 같도록 (   ) 안에서 알맞은 것을 고르세요.

1 나는 만화 그리는 것을 즐긴다.

   I enjoy (drawing/to draw) cartoons.

2 나는 다른 사람들에게 친절하려고 노력한다.

   I try (being/to be) kind to others.

3 난 다시 너를 만나고 싶어.

   I'd like to (see/seeing) you again.

정답 p.270

D 오늘의 구문 표현을 넣어 문장을 완성하세요.

우리는 훌륭한 사람이 되기 위해서 많은 것을 배워야 한다.

We have to learn a lot of things ＿＿＿＿＿＿＿ be a good person.

E 다음 빈칸에 알맞은 말을 **보기** 에서 골라 적절히 고쳐 쓰세요.

> **보기** be good for   each other   on weekends [on the weekend]

1 이 책은 네게 유익해. This book ＿＿＿＿＿＿＿ you.

2 나는 주말에 그를 만난다. I see him ＿＿＿＿＿＿＿.

3 그들은 서로 바라보았다. They looked at ＿＿＿＿＿＿＿.

F 밑줄 친 부분에 유의하여 우리말로 옮기세요.

1 I have a lot to do.

2 It rained a lot last night.

3 Science has made our lives a lot easier.

▌사의 힘

for …을 위하여 / …을 향해 / 동안 / 때문에

- She **works for** a bank. 그녀는 은행에[을 위하여] 근무한다.
- They **fought for** their country. 그들은 조국을 위하여 싸웠다.
- She will **leave for** New York. 그녀는 뉴욕으로[을 향해] 떠날 거다.
- This train **is bound for** Busan. 이 열차는 부산행이다.
- **for a long time** 오랫동안
- **for a while[moment, minute]** 잠시 동안
- Korea **is famous for** *kimchi*. 한국은 김치로[때문에] 유명하다.

➕ *Happiness comes when we **try to** make someone else happy.*
행복은 다른 사람을 행복하게 하려고 노력할 때 온다.

동사 중심 표현

01 get up

일어나다

비교 wake up 깨어나다, 깨우다
반 go to bed 잠자리에 들다

02 go ⓥ-ing

…하러 가다

• *go shopping/swimming/hiking/skiing/camping/fishing/
jogging/climbing* 쇼핑/수영/하이킹/스키/캠핑/낚시/조깅/등산하러 가다

03 look for

찾다

비교 look at 보다, 바라보다   look after 돌보다

04 look like

…처럼 보이다, …인[일] 것 같다

유 seem, appear
비교 sound like …처럼 들리다, …인 것 같다

05 talk to ⓝ

…와 이야기하다, …에게 말을 걸다

유 talk with ⓝ …와 이야기하다   speak to ⓝ …에게 말을 걸다

형용사 중심 표현

06 be[feel] proud of

…을 자랑스럽게 여기다

유 take pride in

전치사 중심 표현 · 부사어

07 for example

예를 들면

유 for instance

08 of course

물론

09 one day

(과거의) 어느 날, (미래의) 언젠가

비교 some day [someday] (미래의) 언젠가

잘 만났다 구문 표현!

10 감정 형용사 + to ⓥ

…해서, …하니(원인)

• 감정 형용사: *glad, sorry, surprised, sad* 등

핵심 예문

정답 p.270

동사 중심 표현

1 넌 보통 몇 시에 일어나니?
What time do you usually g_____?

2 우리는 겨울에 스케이트와 스키를 타러 간다.
We g_____ skating and skiing in winter.

3 제 콘택트렌즈 찾는 것 좀 도와주실래요?
Could you help me l_____ my contact lens?

4 거북선은 거북처럼 보인다. Turtle ships l_____ turtles.
비가 올 것 같다. It l_____ rain.

5 나는 그것에 관해서 그녀와 이야기할 것이다.
I'll t_____ her about it.

형용사 중심 표현

6 너는 네 자신을 자랑스럽게 여겨야 해.
You should b_____ yourself.

전치사 중심 표현 · 부사어

7 여성은 무엇이든 할 수 있다. 예를 들면 조종사나 대통령이 될 수 있다.
A woman can do anything. F_____, she can be a pilot or a president.

8 "나 좀 도와줄 수 있니?" "물론이지."
"Can you help me?" "O_____."

9 어느 날 그는 그녀를 거리에서 만났다.
O_____ he met her on the street.

난 언젠가 거기에 갈 거야.
I'll be there o_____.

잘 만났다 구문 표현!

10 당신을 만나서 반갑습니다. I am glad[nice] t_____ meet you.

그 말을 들으니 안됐군요. I am sorry t_____ hear that.

15

REVIEW TEST

A 다음 표현의 뜻을 우리말로 쓰세요.

1 get up

2 go ⓥ-ing

3 look for

4 look like

5 talk to ⓝ

6 be[feel] proud of

7 for example

8 of course

9 one day

10 감정 형용사+to ⓥ

B 다음 빈칸에 알맞은 말을 보기 에서 골라 적절히 고쳐 쓰세요.

보기   be proud of   get up   look for   talk to

1 그는 일자리를 찾고 있는 중이다.

He's _____ a job.

2 너는 네 부모님을 자랑스럽게 여겨야 해.

You should _____ your parents.

3 나는 아침 일찍 일어나려고 노력한다.

I try to _____ early in the morning.

4 그는 자신의 문제에 대해서 선생님과 이야기하고 싶었다.

He wanted to _____ his teacher about his problem.

C 우리말과 뜻이 같도록 ( ) 안에서 알맞은 것을 고르세요.

난 내일 친구들과 함께 수영하러 갈 거다.

Tomorrow I'll go (swim/swimming/to swim) with my friends.

D 밑줄 친 부분에 유의하여 우리말로 옮기세요.

It looks like snow.

The rock looks like a bear.

정답 p.270

E 다음 빈칸에 알맞은 말을 보기 에서 골라 쓰세요.

> 보기   for example   of course   one day

1 A: Can you come to my birthday party? 내 생일 파티에 올 수 있니?
  B: _____. I'd love to! 물론. 그리고 싶어!

2 She had a little dog. _____ the dog ran outside and didn't come back. 그녀는 작은 개가 있었다. 어느 날 그 개는 밖으로 뛰쳐나가서 돌아오지 않았다.

3 You can exercise in many different ways. _____, you can walk to school instead of taking the bus. 너는 여러 다른 방법으로 운동할 수 있다. 예를 들어, 너는 버스를 타는 대신 걸어서 학교에 갈 수 있다.

F 다음 문장을 우리말로 옮길 때, 빈칸에 알맞은 말을 쓰세요.

They were surprised to hear the news.
그들은 _____ 놀랐다.

치사의 힘

to …으로[…을 향하여] / …까지 / …에게 / …에 대하여

- **go to the movies** 영화 보러 가다
- **go to bed** 잠자리에 들다
- **from Monday to Friday** 월요일부터 금요일까지
- **from Mt. Backdu to Mt. Halla** 백두산에서 한라산까지
- Please **say hello to** your family. 네 가족들에게 안부 좀 전해주렴.
- We are **looking forward to** meeting you. 우리는 널 만나길 고대하고 있다.
- **to one's**+감정 명사 …하게도 / **to one's surprise[joy]** 놀랍게도[기쁘게도]

➕ *What we see is what we **look for**.* 우리가 보는 것이 우리가 찾는 것이다.

DAY 04

01　come back (to ⓝ)　(…로) 돌아오다
　　ⓔ go back (to ⓝ) (…로) 돌아가다

02　need to ⓥ　…할 필요가 있다
　　ⓔ don't need to ⓥ, need not ⓥ, don't have to ⓥ
　　　　…할 필요가 없다

03　pick up　집다[줍다], 차에 태우다, (정보 등을) 얻다
　　비교 pick out 골라내다, 식별하다

04　take care of　돌보다
　　ⓨ look after, care for

05　wait for　기다리다

형용사 중심 표현

06　be from　… 출신이다
　　비교 come from … 출신이다, …에서 오다

전치사 중심 표현·부사어

07　at[in] school　학교에(서)
　　비교 after school 방과 후에

08　in the future　미래에, 앞으로
　　비교 at present 현재, 지금　in the past 과거에

09　some of　…의 일부
　　비교 one of … 중 하나　most of …의 대부분
　　　　all of …의 모두

잘 만났다 구문 표현!

10　enough to ⓥ　…할 만큼 충분히

핵심 예문

정답 p.270

동사 중심 표현

1 그는 밤늦게 집에 돌아왔다.
   He c_____ home late at night.

2 넌 컴퓨터에 대해 많이 알아야 할 필요가 있다.
   You n_____ know a lot about computers.

3 그는 편지를 집어 읽었다.
   He p_____ the letter and read it.

   그녀가 널 태우러 공항에 갈 거야.
   She'll p_____ you u_____ at the airport.

4 나는 항상 내 애완동물을 돌봐야 한다.
   I have to t_____ my pet all the time.

5 나 좀 기다려 줄래?
   Will you w_____ me?

형용사 중심 표현

6 그녀는 미국 출신이다.
   She i_____ America.

전치사 중심 표현 · 부사어

7 아이들이 학교에서 공부하고 있다.
   The children are studying a_____.

8 우리는 미래에 식량 문제를 겪을 것이다.
   We'll have a food problem i_____.

9 세계 최고의 물건들 중 일부는 한국에서 만들어진다.
   S_____ the world's best goods are made in Korea.

잘 만났다 구문 표현!

10 그는 피아노를 옮길 만큼 충분히 힘이 세다.
   He is strong e_____ move the piano.

REVIEW TEST

DAY 04

A 다음 표현의 뜻을 우리말로 쓰세요.

1 come back (to ⓝ)

2 need to ⓥ

3 pick up

4 take care of

5 wait for

6 be from

7 at[in] school

8 in the future

9 some of

10 enough to ⓥ

B 다음 빈칸에 알맞은 말을 보기 에서 골라 적절히 고쳐 쓰세요.

보기   be from   come back to   need to   take care of   wait for

1 그는 캐나다 토론토 출신이다.

He _____ Toronto, Canada.

2 넌 네 차례를 기다려야 해.

You have to _____ your turn.

3 그 간호사는 아픈 사람들을 돌봤다.

The nurse _____ sick people.

4 우리는 돈과 에너지를 아낄 필요가 있다.

We _____ save money and energy.

5 그들은 즐거운 여행을 한 후 한국으로 돌아왔다.

They _____ Korea after a pleasant trip.

C 밑줄 친 부분에 유의하여 우리말로 옮기세요.

He picked up the trash.

He picked his friend up at 4 o'clock.

D 다음 빈칸에 알맞은 말을 **보기** 에서 골라 쓰세요.

> **보기**   at school   in the future   some of

1 넌 장래에 뭐가 되고 싶니?

What do you want to be _____?

2 난 학교에서 새로운 친구들을 만나서 기쁘다.

I am happy to meet new friends _____.

3 그는 매주 용돈의 일부를 저축한다.

He saves _____ his pocket money every week.

E 오늘의 구문 표현을 넣어 문장을 완성하세요.

넌 스스로 결정할 만큼 충분히 나이가 들었어.

You're old _____ decide for yourself.

치사의 힘

in …의 안에[으로]

• **get in** the car 차에 타다
• **breathe in** the smell 냄새를 들이마시다
• **arrive in** North Korea 북한에 도착하다
• **keep** his words **in mind** 그의 말을 마음속에 간직하다
• **in the morning/afternoon/evening** 아침/오후/저녁에
• **in a hurry** 서둘러
• **in danger** 위험에 빠진
• **in my opinion** 내 생각으로는
• **in the same way** 같은 방식으로

➕ *Time and tide **wait(s) for** no man.* 세월은 사람을 기다리지 않는다.

동사 중심 표현

01　go to bed　　잠자리에 들다

반 get up 일어나다

02　hear about[of]　　…에 대해 전해 듣다, …의 소식[소문]을 듣다

비교 hear from …로부터 연락[편지·전화·전갈]을 받다

03　make friends (with)　　(…와) 사귀다[친구가 되다]

04　take A to B(ⓝ)　　A를 B로 가져가다[데려가다]

비교 bring A to B(ⓝ) A를 B로 가져오다[데려오다]

05　thank A for B　　A에게 B에 대해 감사하다

형용사 중심 표현

06　be able to ⓥ　　…할 수 있다

윤 can
반 be unable to ⓥ, cannot …할 수 없다

전치사 중심 표현·부사어

07　a few　　조금(의), 소수[몇몇](의)

• *a few* 조금 있는(긍정의 의미)　*few* 거의 없는(부정의 의미)
• *a few* +셀 수 있는 복수명사(수)　*a little* +셀 수 없는 명사(양)

08　by the way　　그런데

• 화제를 바꿀 때 씀.
비교 all the way 도중 내내

09　in the morning/ afternoon/ evening　　아침/오후/저녁에

비교 at night 밤에

잘 만났다 구문 표현!

10　too ~ to ⓥ　　너무 ~해서 …할 수 없다(…하기에는 너무 ~하다)

핵심 예문

1 나는 일찍 잠자리에 들어야 한다.

I have to g_____ early.

2 너는 3D 직종에 대해서 들어본 적이 있니?

Have you ever h_____ the 3D jobs?

3 그는 한 미국 소년과 친구가 되었다.

He m_____ an American boy.

4 그녀는 나를 이탈리아 음식점에 데려갔다.

She t_____ me t_____ an Italian restaurant.

그는 차를 정비소로 가져갔다.

He t_____ the car t_____ the garage.

5 그녀는 집에 데려다준 것에 대해 내게 고마워했다.

She t_____ me f_____ taking her home.

형용사 중심 표현

6 그녀는 5개 국어를 말할 수 있다.

She i_____ speak five languages.

전치사 중심 표현 · 부사어

7 나는 몇 개의 영어 속담을 배웠다.

I learned a_____ English proverbs.

8 그런데 너 이번 토요일에 뭐 할 거니?

B_____, what are you going to do this Saturday?

9 아침에는 안개가 꼈고, 오후엔 화창했다.

It was foggy i_____, and sunny i_____.

잘 만났다 구문 표현!

10 그녀는 너무 아파서 학교에 갈 수 없었다.

She was t_____ sick t_____ go to school.

23

REVIEW TEST

DAY 05

A 다음 표현의 뜻을 우리말로 쓰세요.

1 go to bed

2 hear about[of]

3 make friends (with)

4 take A to B(ⓝ)

5 thank A for B

6 be able to ⓥ

7 a few

8 by the way

9 in the morning/afternoon/evening

10 too ~ to ⓥ

B 다음 빈칸에 알맞은 말을 보기 에서 골라 적절히 고쳐 쓰세요.

> 보기   be able to   go to bed   hear about   make friends with

1 그녀는 이웃들과 사귀었다.

   She _____ her neighbors.

2 인간은 세상을 바꿀 수 있다.

   Humans _____ change the world.

3 그들은 나의 첫사랑에 대해서 듣고 싶어 했다.

   They wanted to _____ my first love.

4 그녀는 일찍 자고 일찍 일어난다.

   She _____ early and gets up early.

C 다음 빈칸에 알맞은 표현을 보기 에서 골라 쓰세요.

> 보기   take ~ to ...   thank ~ for ...   too ~ to ...

1 초대해 줘서 고마워. _____ you _____ inviting me.

2 그녀는 너무 지쳐서 말도 할 수 없다. She is _____ tired _____ speak.

3 우리 부모님은 일요일마다 나를 재미있는 곳에 데려가신다.

   My parents _____ me _____ interesting places every Sunday.

D 다음 빈칸에 알맞은 말을 보기 에서 골라 쓰세요.

보기　　a few　　by the way　　in the morning

1 난 아침에 떠나야 해.

I have to leave _____.

2 그런데 말이야, 넌 알버트 슈바이처에 대해서 들어본 적이 있니?

_____, have you ever heard of Albert Schweitzer?

3 몇 가지 안전 수칙들을 기억할 필요가 있어.

You need to remember _____ safety rules.

E 밑줄 친 부분에 유의하여 우리말로 옮기세요.

He has a few friends.

He has few friends.

전치사의 힘

on …의 위에(접촉) / …에 붙여서(부착·소지) / …으로(수단·도구)

- **get on** the bus 버스에 타다
- **put on** the shirt 셔츠를 입다
- **on sale** 세일 중인
- **on fire** 불이 나서, 불타서
- **on the phone** 전화상으로
- **be based on** …에 바탕을 두다
- **step on** one's foot 누구의 발을 밟다
- **go on foot** 걸어서 가다
- **on business** 사업상
- **on television[TV]** 텔레비전으로
- **depend on** …에 의존하다
- **live on** rice 쌀을 주식으로 하다
- **on the other side (of)** (…의) 반대쪽[맞은편]에, (…의) 다른 곳에

➕ *Keep climbing and climbing and you **are able to** reach the peak.*
계속해서 오르면 정상에 이를 수 있다.

25

DAY 06

학습일 | 1차: 월 일 | 2차: 월 일

동사 중심 표현

01 come from …의 출신이다, …에서 (나)오다, …에서 유래하다, …에서 생기다

⑪ be from …의 출신이다
비교 come out of …에서 밖으로 나오다

02 go out 밖으로 나가다, 외출하다

03 grow up 어른이 되다, 성장하다

04 keep (on) ⓥ-ing 계속 …하다, 줄곧 …하다

⑪ continue ⓥ-ing[to ⓥ]

05 take off (옷 따위를) 벗다, 이륙하다

⑪ put on 입다 land 착륙하다

형용사 중심 표현

06 be good at …에 능숙하다, 잘하다

⑪ be poor at …에 서툴다
비교 be good for …에 유익하다

전치사 중심 표현 · 부사어

07 at night 밤에

비교 in the morning/afternoon/evening 아침/오후/저녁에

08 from A to B A에서[부터] B까지

09 in front of …의 앞에

비교 next to ⓝ …의 옆에
⑪ in the back of, behind …의 뒤에

잘 만났다 구문 표현!

10 to ⓥ …하는 것(주어 · 보어 기능)

26

핵심 예문

1 그는 런던 출신이다.

He c_____ London.

텍사스는 '친구'를 의미하는 인디언 단어에서 유래했다.

Texas c_____ an Indian word that means "friends."

2 나는 너무 바빠서 외출할 수 없어.

I'm so busy that I can't g_____.

3 나는 작은 마을에서 태어나 자랐다.

I was born and g_____ in a small village.

4 너는 계속 시도해야 해.

You have to k_____ trying.

5 네 젖은 옷을 벗어라. T_____ your wet clothes.

그 비행기는 인천 공항을 이륙했다.

The plane t_____ from Incheon airport.

형용사 중심 표현

6 그는 요리를 잘한다.

He i_____ cooking.

전치사 중심 표현 · 부사어

7 나는 밤에 그리 잘 자지 못한다.

I can't sleep very well a_____.

8 그들은 아침부터 저녁까지 일한다.

They work f_____ morning t_____ night.

9 그는 칠판 앞에 서 있다.

He's standing i_____ the blackboard.

잘 만났다 구문 표현!

10 운동하는 것은 건강에 좋다.

T_____ exercise is good for health.

내 꿈은 컴퓨터 프로그래머가 되는 것이다.

My dream is t_____ be a computer programmer.

27

A 다음 표현의 뜻을 우리말로 쓰세요.

1 come from

2 go out

3 grow up

4 keep (on) ⓥ-ing

5 take off

6 be good at

7 at night

8 from A to B

9 in front of

10 to ⓥ

B 다음 빈칸에 알맞은 말을 보기 에서 골라 적절히 고쳐 쓰세요.

보기   be good at   go out   grow up

1 우리는 저녁 식사를 하기 위해 외출했다.

We _____ for dinner.

2 그녀는 피아노를 잘 친다.

She _____ playing the piano.

3 넌 자라서 뭐가 되고 싶니?

What do you want to be when you _____?

C 다음 문장을 우리말로 옮길 때, 빈칸에 알맞은 말을 쓰세요.

1 The baby kept (on) crying.

아기가 _____.

2 Let's meet at six in front of the box office.

6시에 매표소 _____.

3 To see is to believe.

_____.

D 다음 빈칸에 알맞은 전치사를 쓰세요.

1 나는 학교에서 집까지 걸었다.

I walked _____ the school _____ my house.

2 그는 밤에 늦게 잠자리에 들고 아침에 늦게 일어난다.

He goes to bed late _____ night and gets up late _____ the morning.

E 밑줄 친 부분에 유의하여 우리말로 옮기세요.

1 He took his jacket off.

The plane took off at 4 p.m.

2 I come from Korea.

The word "smog" comes from smoke and fog.

True courage comes from caring for other people.

치사의 힘

at …의 한 점[시점]에(서) / …중 / …에

- **arrive at** the airport 공항에 도착하다
- **at home/school** 집/학교에(서)
- **at the center of** the city 도시 중심에
- **at the top of** the mountain 산 정상에
- **at the bottom of** the ocean 바다 밑에
- **at the beginning of** August 8월 초에
- **at night[noon]** 밤[정오]에 • **at that time** 그 때
- **at the same time** 동시에 • **at first** 처음에
- **at last** 마침내[마지막에] • **at the age of** twenty 스무 살 때에
- He **smiled at** her. 그는 그녀에게 미소를 지었다.
- We **were surprised at** the news. 우리는 그 소식에 놀랐다.
- She **is good at** dancing. 그녀는 춤을 잘 춘다.

➕ Be good or **be good at** it! 훌륭하게 되든지 그것에 능숙하게 되든지 하라!

29

DAY 07

동사 중심 표현

01 come on   자, 빨리, 제발, 기운을 내

- 명령문으로 쓰여 재촉·주의 환기·격려를 나타냄.

02 decide to ⓥ   …하기로 결심[결정]하다

03 do[try] one's best   최선을 다하다

04 get to ⓝ/ⓥ   …에 도착하다/…하게 되다

⊕ arrive at[in] ⓝ, reach …에 도착하다
     come to ⓥ …하게 되다

05 used to ⓥ   (과거에) …하곤 했다[이었다]

- *used to*+동작 동사=…하곤 했다(과거의 규칙적 습관)
- *used to*+상태 동사=…이었으나 지금은 그렇지 않다(현재와 대조)
⊕ would (과거의 불규칙적 습관)
비교 be[get] used to ⓝ[ⓥ-ing] …에 익숙하다[…에 익숙해지다]
     be used to ⓥ …하기 위해 사용되다

형용사 중심 표현

06 be full of   …로 가득 차다

⊕ be filled with

전치사 중심 표현 · 부사어

07 How[What] about ⓝ [ⓥ-ing]?   …은 어때?

⊕ Why don't you ⓥ?

08 next/this/last time   다음번/이번/지난번에

09 over there/here   저기/여기에, 저쪽/이쪽에

잘 만났다 구문 표현!

10 It be ~ (for A) to ⓥ   (A가) …하는 것은 ~이다

- *It*=가주어, *to* ⓥ=진주어, *for A*=*to* ⓥ의 의미상 주어

핵심 예문

1 어서, 우리 늦겠다! C_____, we'll be late!

2 그녀는 살을 빼기로 결심했다. She d_____ lose weight.

3 난 다음번엔 더 잘하기 위해 최선을 다하겠다.
   I'll d_____ to do better next time.

4 우리는 그날 저녁에 서울에 도착했다.
   We g_____ Seoul that evening.

   나는 야영하는 동안에 많은 친구들을 사귀게 되었다.
   I g_____ make many friends during the camping.

5 난 예전에 버스로 통학했었다.
   I u_____ go to school by bus.

   그들은 예전엔 친구였지만 지금은 적이다.
   They u_____ be friends but now they are enemies.

형용사 중심 표현

6 선반은 책으로 가득 차 있다. The shelves a_____ books.

전치사 중심 표현 · 부사어

7 사진 찍는 거 어때? H_____ taking some pictures?

   이건 어때? W_____ this one?

8 다음번엔 더 조심해라. Be more careful n_____.

9 저기에 있는 저 남자는 누구니? Who's that man o_____?

   이쪽으로 오세요. Come o_____, please.

잘 만났다 구문 표현!

10 자전거를 타는 것은 재미있다.
   I_____ is exciting t_____ ride a bicycle.

   외국인이 한국어를 배우는 것은 어렵다.
   I_____ is hard f_____ a foreigner t_____ learn Korean.

31

REVIEW TEST

DAY 07

A 다음 표현의 뜻을 우리말로 쓰세요.

1 come on

2 decide to ⓥ

3 do[try] one's best

4 get to ⓝ/ⓥ

5 used to ⓥ

6 be full of

7 How[What] about ⓝ[ⓥ-ing]?

8 next/this/last time

9 over there/here

10 It be ~ (for A) to ⓥ

B 다음 빈칸에 알맞은 말을 보기 에서 골라 적절히 고쳐 쓰세요.

보기   be full of   decide to   next time   over there

1 그는 변호사가 되기로 결심했다.

He _____ be a lawyer.

2 거리는 자동차로 가득 차 있었다.

The street _____ cars.

3 너는 다음번에 더 잘 할 수 있을 거야.

You can do better _____.

4 저기에 있는 은행 앞에서 2번 버스를 타세요.

Take the No. 2 bus in front of the bank _____.

C 밑줄 친 부분에 유의하여 우리말로 옮기세요.

1 How long does it take to get to school?
How did you get to know each other?

2 He used to go fishing on weekends.
There used to be bears in the woods.

32

D 다음 문장을 우리말로 해석할 때, 빈칸에 알맞은 말을 쓰세요.

1 Come on! You can do it. _____ 넌 그걸 할 수 있어.

Come on! Let's cross the street. _____ 길을 건너자.

2 How about parking over there?

저기에 _____?

3 I will always do[try] my best in everything.

난 언제나 모든 일에 _____.

E 오늘의 구문 표현을 넣어 문장을 완성하세요.

어린아이들이 물속 깊이 들어가는 것은 매우 위험하다.

It is very dangerous _____ children _____ go deep in the water.

치사의 힘

with …와 함께 / …로써(…을 가지고)

- They **agreed with** me. 그들은 내 말에 동의했다.
- She **gets along with** her friends. 그녀는 친구들과 사이좋게 지낸다.
- She **shared** good food **with** her neighbors. 그녀는 이웃들과 좋은 음식을 나누었다.
- **with a smile/sigh** 미소를 지으며/한숨을 쉬며
- **along with** …와 함께, …에 더하여
- Three-fourths of the earth **is covered with** water. 지구의 4분의 3이 물로 덮여 있다.
- My heart **was filled with** joy. 내 마음은 기쁨으로 가득 찼다.
- **with**＋추상명사＝부사 / **with joy[excitement]** 기뻐서[흥분해서]

➕ Life **is full of** surprises. Just say "never" and you'll see.
삶은 놀라움으로 가득 차 있다. "절대 아닐 거야"라고 한 것도 보게 될 것이다.

33

01 come in

(안으로) 들어가다[오다]

02 ask A to ⓥ

A에게 …해달라고 부탁[요청]하다

비교 ask for 요구[요청]하다
ask ... a favor …에게 부탁하다

03 keep a diary

(습관적으로) 일기를 쓰다

비교 write (in) one's diary (그날 치) 일기를 쓰다

04 put A into B

A를 B 안에 넣다, A를 B로 옮기다[번역하다]

05 stop ⓥ-ing

…하는 것을 멈추다

비교 stop to ⓥ …하기 위해 멈추다

06 be different from

…와 다르다

반 be similar to ⓝ …와 비슷하다

07 more than

…보다 많은[… 이상]

유 above, over
반 less than …보다 적은[… 미만]

08 most of

…의 대부분

비교 most of all 무엇보다도

09 these days

요즘

유 nowadays
비교 in those days 그 당시[시대]에는

10 It be 성질 형용사 of A to ⓥ

A가 …하는 것은 ~이다

• 성질 형용사: *kind*, *nice*, *foolish*, *wise* 등
• *It*=가주어, *to* ⓥ=진주어, *of A*=*to* ⓥ의 의미상 주어

핵심 예문

정답 p.271

동사 중심 표현

1 그에게 들어오라고 해라. Ask him to c _____.

2 그녀는 내게 자기를 도와달라고 부탁했다.
She a _____ me t _____ help her.

3 나는 매일 일기를 쓰기로 결심했다.
I decided to k _____ every day.

4 우리는 쓰레기를 쓰레기통에 넣었다.
We p _____ the trash i _____ garbage bags.

그는 자신의 생각을 행동으로 옮겼다.
He p _____ his idea i _____ action.

5 나는 웃음을 멈출 수 없었다.
I couldn't s _____ laughing.

형용사 중심 표현

6 그들의 생활 방식은 우리의 것과 다르다.
Their way of living i _____ ours.

전치사 중심 표현 · 부사어

7 10시간 이상이 걸렸다.
It took m _____ 10 hours.

8 그는 시간의 대부분을 도서관에서 보낸다.
He spends m _____ his time in the library.

9 요즘 난 너무 바쁘다.
T _____ I'm too busy.

잘 만났다 구문 표현!

10 날 배웅해 주다니 당신은 정말 친절하군요.
I _____ is so nice o _____ you t _____ see me off.

REVIEW TEST

DAY 08

A 다음 표현의 뜻을 우리말로 쓰세요.

1 come in

2 ask A to ⓥ

3 keep a diary

4 put A into B

5 stop ⓥ-ing

6 be different from

7 more than

8 most of

9 these days

10 It be 성질 형용사 of A to ⓥ

B 다음 빈칸에 알맞은 말을 [보기]에서 골라 적절히 고쳐 쓰세요.

[보기] be different from   come in   keep a diary

1 제가 들어가도 될까요?

May I ＿＿＿＿＿＿＿＿＿＿?

2 나는 매일 영어로 일기를 쓴다.

I ＿＿＿＿＿＿＿＿＿ in English every day.

3 한국은 중국이나 일본과 다르다.

Korea ＿＿＿＿＿＿＿＿＿ China and Japan.

C 밑줄 친 부분에 유의하여 우리말로 옮기세요.

1 I asked her to sing for me.

2 He stopped talking.

He stopped to talk to her.

3 She put coins into her pocket.

She put Korean into English and English into Korean.

D 다음 빈칸에 알맞은 말을 보기 에서 골라 쓰세요.

> 보기   more than   most of   these days

1 요즘 영어가 널리 사용된다.

English is widely used _____.

2 그녀의 소설 대부분은 매우 재미있다.

_____ her novels are very interesting.

3 그는 일주일에 두 번 이상 일기를 쓴다.

He writes his diary _____ two times a week.

E 오늘의 구문 표현을 넣어 문장을 완성하세요.

1 당신이 저를 도와주시다니 참 친절하시군요.

It is so kind _____ you _____ help me.

2 그가 그런 짓을 한 것은 어리석다.

_____ is foolish _____ him _____ do such a thing.

치사의 힘

about …에 관하여[대하여]

- **think/talk/hear/dream about** …에 대해 생각하다/말하다/듣다/꿈꾸다
- She **is worried about** his health. 그녀는 그의 건강에 대해 걱정한다.
- Don't **be too anxious about** your future. 네 장래에 대해 너무 걱정하지 마.
- He **is curious about** science. 그는 과학에 대해 호기심이 있다.
- We should **care about** nature. 우리는 자연에 대해 신경 써야 한다.
- **How[What] about** …? …은 어때?

➕ *Don't bite off **more than** you can chew.*
  씹을 수 있는 것보다 더 베어 물지 마라.(할 수 있는 만큼만 해라.)

동사 중심 표현

01 bring A to B(ⓝ)

A를 B로 가져오다[데려오다]

비교 take A to B(ⓝ) A를 B로 가져가다[데려가다]
비교 bring about 일으키다, 생기게 하다
　　 bring up 기르다, 양육하다　bring back 되돌리다

02 do one's homework

숙제를 하다

03 go back (to ⓝ)

(…로) 돌아가다

유 return
반 come back (to ⓝ) (…로) 돌아오다

04 help A with B

A가 B하는 것을 돕다

비교 help oneself (to ⓝ) 마음껏 먹다

05 sit down

앉다

반 stand up 일어서다

형용사 중심 표현

06 be worried about

…에 대해 걱정하다

유 worry about, be anxious about

전치사 중심 표현 · 부사어

07 all of

…의 모두[모든]

비교 some of …의 일부　most of …의 대부분
　　 half of …의 절반

08 between A and B

A와 B 사이에

• *between* 둘 또는 셋 이상 개별적인 관계
　among 개별적인 관계가 아닌 셋 이상

09 more and more

점점 더 (많은)

• 비교급 *and* 비교급 점점 더 …한[하게]

잘 만났다 구문 표현!

10 타동사 + to ⓥ

~하는 것을 …하다(목적어 기능)

• to ⓥ를 목적어로 취하는 타동사: *want, hope, wish, expect, decide, plan, mean, promise* 등

핵심 예문

정답 p.272

동사 중심 표현

1 내 남자친구를 파티에 데려올게.

I'll b_____ my boyfriend t_____ the party.

2 나는 숙제를 해야 한다. I have to d_____ .

3 내일 나는 한국으로 돌아갈 거다.

Tomorrow, I will g_____ Korea.

4 내가 이 문제를 해결하는 것을 도와주겠니?

Will you h_____ me w_____ this problem?

5 앉아서 기다려 주세요.

Please s_____ and wait.

형용사 중심 표현

6 그녀는 그의 건강에 대해 걱정한다.

She i_____ his health.

전치사 중심 표현 · 부사어

7 여러분 모두에게 행운이 있길 바랍니다.

Good luck to a_____ you.

8 나는 그녀와 그 사이에 앉았다.

I sat down b_____ her a_____ him.

9 공기가 점점 더 오염되고 있다.

The air gets m_____ polluted.

점점 더 많은 외국인들이 한국에 관심을 갖는다.

M_____ foreigners are interested in Korea.

잘 만났다 구문 표현!

10 나는 그에게서 편지를 받기를 바란다.

I want/hope/wish t_____ get a letter from him.

나는 일주일 동안 그곳에 머무르기로 결심했다/계획했다/작정했다.

I decided/planned/meant t_____ stay there for a week.

REVIEW TEST

DAY 09

A 다음 표현의 뜻을 우리말로 쓰세요.

1 bring A to B(ⓝ)

2 do one's homework

3 go back (to ⓝ)

4 help A with B

5 sit down

6 be worried about

7 all of

8 between A and B

9 more and more

10 타동사+to ⓥ

B 다음 빈칸에 알맞은 말을 보기 에서 골라 적절히 고쳐 쓰세요.

보기 be worried about   do one's homework   go back to   sit down

1 그들은 쉬기 위해서 앉았다. They _____ to rest.

2 그는 고향으로 돌아갈 수 없다. He cannot _____ his hometown.

3 그녀는 보통 저녁식사 후에 숙제를 한다.

She usually _____ after dinner.

4 그는 다음 주에 볼 수학 시험에 대해서 걱정한다.

He _____ the math test next week.

C 밑줄 친 부분에 유의하여 우리말로 옮기세요.

More and more people use social networking services.

K-pop is becoming more and more popular all over the world.

D 다음 문장의 빈칸에 들어갈 수 <u>없는</u> 동사를 고르세요.

I _____ to see you again.

① want   ② hope   ③ wish   ④ enjoy   ⑤ expect

E 다음 우리말과 뜻이 같도록 빈칸에 알맞은 말을 쓰세요.

1 그녀는 애완용 쥐를 학교에 가져왔다.

She _____ her pet mouse _____ school.

2 나는 남동생이 숙제하는 것을 도왔다.

I _____ my brother _____ his homework.

3 나는 너희 모두를 초대하고 싶어.

I want to invite _____ _____ you.

4 서울과 뉴욕 사이에는 13시간의 시차가 있다.

There is a 13-hour time difference _____ Seoul _____ New York.

치사의 힘

from …에서 / …로부터 / …와(구별 · 차이)

• **from** my house **to** the station 나의 집에서 역까지
• **from now on** 이제부터 계속
• I'm **from** Korea. 나는 한국 출신이다.
• They **came from** Europe. 그들은 유럽에서 왔다.
• The bank is not **far from** here. 은행은 여기서 멀지 않다.
• I'm glad to **hear from** you. 너로부터 연락을 받아 기쁘다.
• He **was absent from** school. 그는 학교에 결석했다.
• Cheese **is made from** milk. 치즈는 우유로 만들어진다.
• Their way of living **is different from** ours. 그들의 생활방식은 우리 것과 다르다.

➕ *Time **brings** everything **to** those who wait for it.*
때는 그것을 기다리는 사람들에게 모든 걸 가져다준다.

41

동사 중심 표현

01 arrive at[in]

…에 도착하다

• *arrive at* + 좁은 지역·지점 *arrive in* + 넓은 지역
㊌ get to ⓝ, reach

02 go up

오르다, 올라가다

㊌ rise
㊀ go down 내려가다, (해·달이) 지다

03 have fun

재미있게 놀다

㊌ enjoy oneself, have a good time
비교 make fun of …을 놀리다

04 help yourself (to ⓝ)

(…을) 마음껏 먹다

비교 help A with B A가 B하는 것을 돕다

05 put on

(옷 등을) 입다, (연극 등을) 공연하다

㊀ take off (옷 등을) 벗다

형용사 중심 표현

06 be[get] ready to ⓥ [for]

…할 준비가 되다, 기꺼이 …하다

전치사 중심 표현 · 부사어

07 at home

집에서, 본국에서

비교 make oneself at home 편안히 하다
at school 학교에서

08 at last

마침내, 드디어

㊌ finally, after all, in the end

09 on one's[the] way (to ⓝ)

(…로 가는) 도중에

비교 all the way (멀리서) 내내

잘 만났다 구문 표현!

10 how/what/where/when + to ⓥ

어떻게/무엇을/어디에서/언제 …인지

핵심 예문

정답 p.272

1 우리는 곧 역에 도착할 거예요.

We will soon a_____ the station.

그 비행기는 3시에 뉴욕에 도착했다.

The plane a_____ New York at three.

2 왜 물가는 오르고 내릴까? Why do prices g_____ and down?

그는 계단을 올라갔다. He w_____ stairs.

3 친구들과 재미있게 놀았니?

Did you h_____ with your friends?

4 당신이 좋아하는 것을 맘껏 드세요.

Please h_____ anything you like.

5 외투를 입고 외출해라. P_____ your overcoat and go out.

그들은 영어로 연극을 공연했다. They p_____ a play in English.

형용사 중심 표현

6 모든 짐이 다 싸졌고, 우리는 떠날 준비가 되어 있다.

Everything's packed, and we a_____ leave.

전치사 중심 표현 · 부사어

7 그녀는 집에 없다. She isn't a_____.

그는 국내외에서 유명하다. He is famous a_____ and abroad.

8 마침내 그들은 산꼭대기에 도착했다.

A_____ they reached the mountaintop.

9 나는 슈퍼마켓에 가는 중이야. I'm o_____ the supermarket.

잘 만났다 구문 표현!

10 나는 어떻게 영어 공부를 하는지[공부하는 법]를 배우고 싶다.

I want to learn h_____ study English.

무엇을 해야 할지 어디로 가야 할지 모르겠다.

I don't know w_____ do and w_____ go.

REVIEW TEST

DAY 10

A 다음 표현의 뜻을 우리말로 쓰세요.

1 arrive at[in]

2 go up

3 have fun

4 help oneself (to ⓝ)

5 put on

6 be[get] ready to ⓥ[for]

7 at home

8 at last

9 on one's[the] way (to ⓝ)

10 how/what/where/when+to ⓥ

B 다음 빈칸에 알맞은 전치사를 쓰세요.

1 She arrived _____ Seoul yesterday. 그녀는 어제 서울에 도착했다.

2 He arrived _____ the hotel late at night. 그는 밤늦게 호텔에 도착했다.

C 다음 빈칸에 알맞은 말을 보기 에서 골라 적절히 고쳐 쓰세요.

보기   be ready to   go up   have fun   help yourself to

1 그는 지붕에 올라갔다. He _____ on the roof.

2 맘껏 쿠키를 먹으렴. _____ the cookies.

3 나는 할아버지 농장에서 재미있게 놀았다.

I _____ at grandfather's farm.

4 내가 집에 갈 준비가 되었을 때 비는 더욱 심해졌다.

The rain became heavier when I _____ go home.

D 밑줄 친 부분에 유의하여 우리말로 옮기세요.

She put on her new white coat.

Our club is going to put on a play.

E   다음 빈칸에 알맞은 말을 보기 에서 골라 쓰세요.

> 보기   at home   at last   on my way to

1   마침내 그들은 성공했다.

_____ they succeeded.

2   그는 하루 종일 집에 머물렀다.

He stayed _____ all day long.

3   나는 학교로 가는 도중에 외국인을 만났다.

_____ school, I met a foreigner.

F   오늘의 구문 표현을 넣어 문장을 완성하세요.

비행기 승무원이 내게 어디에 앉고 어떻게 안전벨트를 매야 하는지 가르쳐 주었다.

The flight attendant showed me _____ sit and _____ fasten the seat belt.

치사의 힘

by …에 의하여 / …의 옆에 / …까지는

- Let's go **by bus/car/subway**. 버스/차/지하철로 가자.
- He sent it **by express/airmail**. 그는 속달/항공우편으로 그것을 보냈다.
- **by oneself** 혼자서, 혼자 힘으로
- **by mistake** 실수로
- I went[passed] **by a church**. 나는 교회 옆을 지나갔다.
- **By the time** you receive this mail 네가 이 우편물을 받을 때쯤
- **one by one** 한 명씩[하나씩]
- **by way of** …로써

➕ *God gives freedom only to those who **are ready to** guard it.*
신은 자유를 지킬 준비가 되어 있는 사람들에게만 자유를 준다.

45

 **DAY 11**

학습일 | 1차: 월   일 | 2차: 월   일

동사 중심 표현

01 belong to ⓝ

…에 속하다, …의 것[소유]이다

02 say good-bye (to ⓝ)

(…에게) 작별 인사를 하다

비교 say hello to ⓝ …에게 안부를 전하다, …에게 인사하다

03 seem to ⓥ

…인 것 같다

• [It+seem+that절]로도 쓸 수 있음.
유 appear to ⓥ, It+appear+that절

04 take a picture [photo]

사진을 찍다

05 would rather A (than B)

(B하느니) 차라리 A하고 싶다, (B보다) A하는 게 낫다

유 had better

형용사 중심 표현

06 be late for

…에 늦다, …에 지각하다

전치사 중심 표현 · 부사어

07 all over the world 전 세계(에)

유 around the world
비교 all over the country 전국에

08 right away

곧, 즉시

유 right now, at once, immediately

09 for free

무료로[공짜로]

유 for nothing, free of charge

잘 만났다 구문 표현!

10 ⓝ + to ⓥ

~할[하는] …(명사를 꾸며주는 형용사 기능)

46

정답 p.272

동사 중심 표현

1 그들은 테니스 동아리에 속해 있다.
They b_____ the tennis club.

2 이제 작별 인사를 해야 할 시간이다.
It's time to s_____ now.

3 너는 컴퓨터에 대해서 많이 아는 것 같구나.
You s_____ know a lot about computers.

4 그는 자전거를 타고 있는 아이들 사진을 찍었다.
He t_____ of the children on their bicycles.

5 난 차라리 집에 있고 싶어. I w_____ stay home.

수치스럽게 사느니 차라리 죽는 게 낫겠다.
I w_____ die t_____ live in shame.

형용사 중심 표현

6 수업에 늦지 마. Don't b_____ class.

전치사 중심 표현 · 부사어

7 영어는 전 세계에서 사용된다.
English is spoken a_____.

8 즉시 구급차를 보내 주십시오!
Please send an ambulance r_____!

9 나는 그것을 공짜로 얻었다.
I got it f_____.

잘 만났다 구문 표현!

10 해야 할 많은 일이 있다.
There are many things t_____ do.

마실 것을 원하세요?
Would you like something t_____ drink?

REVIEW TEST

DAY 11

A 다음 표현의 뜻을 우리말로 쓰세요.

1 belong to ⓝ

2 say good-bye (to ⓝ)

3 seem to ⓥ

4 take a picture[photo]

5 would rather A (than B)

6 be late for

7 all over the world

8 right away

9 for free

10 ⓝ+to ⓥ

B 다음 빈칸에 알맞은 말을 보기 에서 골라 적절히 고쳐 쓰세요.

보기   be late for   belong to   say good-bye   seem to
        take a picture

1 오늘 나는 학교에 지각했다.

Today, I _____ school.

2 저의 사진을 찍어주시겠습니까?

Would you _____ of me?

3 한 시간이 꼭 1분처럼 지나가는 것 같다.

An hour _____ pass just like a minute.

4 우리는 작별 인사를 할 때 손을 흔든다.

When we_____, we wave our hands.

5 오늘날 190개국 이상이 유엔에 속해 있다.

Today more than 190 nations _____ the UN.

C 다음 문장을 우리말로 옮기세요.

1 I would[I'd] rather go home.

2 I would[I'd] rather die than do that.

정답 p.272

D 다음 빈칸에 알맞은 말을 보기 에서 골라 쓰세요.

> 보기   all over the world   for free   right away

1 즉시 그에게 전화할 거야.

  I'll phone him _____.

2 당신은 무료로 공원에 들어갈 수 있다.

  You can enter the park _____.

3 우리는 이메일을 통해 전 세계에 있는 친구들과 사귈 수 있다.

  We can make friends through e-mail _____.

E 다음 문장을 우리말로 옮길 때, 빈칸에 알맞은 말을 쓰세요.

He has many friends to help him.

그는 그를 _____ 많은 친구들이 있다.

지사의 힘

as ···로서(자격) / ···같이[처럼]

- Koreans **are known as** a diligent people. 한국인은 근면한 민족으로 알려져 있다.
- **Regard** each day **as** your best day. 그날그날을 최고의 날로 여겨라.
- We can use clean energy sources **such as** the sun, wind, and water.
  우리는 태양, 바람 그리고 물과 같은 깨끗한 에너지원을 이용할 수 있다.
- **as usual** 여느 때처럼, 평소와 같이
- **as a result** 결과적으로

➕ *The Earth does not **belong to** Man. Man **belongs to** the Earth.*
지구가 인간에게 속해 있는 게 아니다. 인간이 지구에 속해 있는 것이다.

DAY 12

동사 중심 표현

01 go to the movies   영화 보러 가다

02 run away   도망가다, 달아나다

     ⊛ escape, go away

03 take part in   …에 참가하다

     ⊛ attend, participate in

04 take out   꺼내다, 대출[인출]하다, (음식을) 싸 갖고 가다

05 throw away   내던지다, 버리다

형용사 중심 표현

06 be afraid of[that]   …을 두려워하다

전치사 중심 표현 · 부사어

07 all day (long)   하루 종일

     비교 all night (long) 밤새도록

08 (a) part of   …의 일부

     비교 a small/large part of …의 작은/큰 부분

           a great part of …의 대부분

09 A such as B   B와 같은 A

     • B는 A의 예로서 여럿이 올 수도 있음.

잘 만났다 구문 표현!

10 ⓥ-ing   …하는 것(주어 · 보어 기능)

핵심 예문

정답 p.273

1 오늘 저녁에 나와 영화 보러 갈래요?
Would you like to g_____ with me this evening?

2 도둑이 도망갔다. The thief r_____.

3 그들은 경주에 참가할 것이다.
They will t_____ the race.

4 그녀는 서랍을 열고 양말 한 켤레를 꺼냈다.
She opened the drawer and t_____ a pair of socks.

한 번에 6권을 대출할 수 있습니다.
You can t_____ six books at a time.

5 쓰고 난 물건을 버리지 마라.
Don't t_____ used things.

형용사 중심 표현

6 그녀는 뱀을 무서워한다. She i_____ snakes.

전치사 중심 표현 · 부사어

7 그는 하루 종일 텔레비전을 봤다.
He watched TV a_____.

8 그의 이야기 중 일부만이 사실이다.
Only p_____ his story is true.

9 노랑과 빨강과 같은 밝은 색은 우리를 기분 좋게 한다.
Bright colors, s_____ yellow and red, make us cheerful.

잘 만났다 구문 표현!

10 이기는 것이 전부가 아니다.
W_____ is not everything.

그의 나쁜 버릇은 수업 중에 자는 것이다.
His bad habit is s_____ in class.

51

A 다음 표현의 뜻을 우리말로 쓰세요.

1 go to the movies

2 run away

3 take part in

4 take out

5 throw away

6 be afraid of[that]

7 all day (long)

8 (a) part of

9 A such as B

10 ⓥ-ing

B 다음 빈칸에 알맞은 말을 보기 에서 골라 적절히 고쳐 쓰세요.

보기   be afraid of   go to the movies   run away
    take part in   throw away

1 영화 보러 가는 게 어때?

How about _____?

2 실수하는 걸 두려워하지 마.

Don't _____ making mistakes.

3 그들은 그녀의 창문을 깨뜨리고 달아났다.

They broke her window and _____.

4 길거리에 빈 캔이나 병을 버리지 마.

Don't _____ empty cans or bottles on the street.

5 나는 영어 말하기 대회에 참가했다.

I _____ the English speech contest.

C 오늘의 구문 표현을 되새기며 ( ) 안의 말을 알맞은 형태로 고쳐 쓰세요.

1 (learn) something is fun. 무엇인가를 배우는 것은 재미있다.

2 My hobby is (draw) cartoons. 나의 취미는 만화를 그리는 것이다.

D 다음 빈칸에 알맞은 말을 보기 에서 골라 쓰세요.

> 보기   all day (long)   part of   such as

1 우리는 자연의 일부이다. We are _____ nature.

2 어제는 하루 종일 비가 내렸어. It rained _____ yesterday.

3 채식주의자들은 쇠고기와 돼지고기와 같은 고기를 먹지 않는다.
   Vegetarians don't eat meat _____ beef or pork.

E 밑줄 친 부분에 유의하여 우리말로 옮기세요.

She took out the handkerchief from her pocket.

She took out the hamburger to eat it at home.

전치사의 힘

into …안으로 / …로(변화)

- **Come into** my house. 집안으로 들어오세요.
- He **put** coins **into** his pocket. 그는 동전들을 주머니에 넣었다.
- He **looked into** her eyes. 그는 그녀의 눈을 들여다보았다.
- The drops **turn into** rain. 물방울들이 비로 변한다.
- The desert **changed into** a forest. 사막이 숲으로 바뀌었다.
- Used paper **is made into** new paper again. 쓰고 난 종이가 다시 새 종이로 재생된다.
- A day **is divided into** 24 hours. 하루는 24시간으로 나누어진다.
- I cut the picture **into pieces**. 나는 그 그림[사진]을 조각조각으로 잘랐다.

➕ *Be not **afraid of** growing slowly, **be afraid** only **of** standing still.*
천천히 커나가는 걸 두려워하지 말고 멈춰 서 있는 것만을 두려워하라.

53

동사 중심 표현

01 get on

(탈것에) 타다

- *get on* (배 · 비행기 · 열차 · 버스 등 큰 것에) 타다
  get in (승용차처럼 작은 것에) 타다
- (반) get off (탈것에서) 내리다

02 get together

모이다

(비교) put[bring] ... together 모으다

03 go on

계속되다[계속하다], (일이) 일어나다

(유) continue

04 say hello to ⓝ

…에게 안부를 전하다, …에게 인사하다

(유) give one's love[best wishes] to ⓝ …에게 안부를 전하다
(비교) say good-bye (to ⓝ) (…에게) 작별 인사를 하다

05 stand up

일어서다

(반) sit down 앉다

형용사 중심 표현

06 be famous for

…로 유명하다

(유) be known for

전치사 중심 표현 · 부사어

07 at that time

그 때, 그 당시에

(유) then, in those days

08 in fact

사실상, 실제로

09 in one's opinion

…의 의견[생각]으로는

잘 만났다 구문 표현!

10 타동사 + ⓥ-ing

~하는 것을 …하다(목적어 기능)

- ⓥ-ing를 목적어로 취하는 동사: *enjoy, finish, mind, stop,
  give up, put off, avoid, practice* 등
- 전치사+ⓥ-ing(전치사의 목적어 기능)

핵심 예문

동사 중심 표현

1 우리는 버스를 잘못 탔다.
   We g_____ the wrong bus.

2 모든 가족 구성원들이 저녁 식사를 하기 위해 모인다.
   All family members g_____ for dinner.

3 소음이 하루 24시간 내내 계속되고 있다.
   The noise g_____ 24 hours a day.

   그들은 계속해서 말다툼을 했다.
   They w_____ quarreling.

4 네 가족에게 안부 좀 전해줘.
   Please s_____ your family.

5 일어서서 우리에게 당신의 생각을 말해주세요.
   Please s_____ and tell us your ideas.

형용사 중심 표현

6 프랑스는 포도주로 유명하다.
   France i_____ its wine.

전치사 중심 표현 · 부사어

7 대부분의 사람들은 그 때 자고 있었다.
   Most people were sleeping a_____.

8 사실상 사물들은 변함없이 그대로 있을 수 없다.
   I_____, things cannot stay the same.

9 내 생각에는, 네가 틀렸다.
   I_____, you are wrong.

잘 만났다 구문 표현!

10 나는 탐정소설 읽는 것을 즐긴다.
   I enjoy r_____ detective stories.

   그는 작별 인사도 하지 않고 떠났다.
   He left without s_____ goodbye.

55

REVIEW TEST

DAY 13

A 다음 표현의 뜻을 우리말로 쓰세요.

1 get on   6 be famous for

2 get together   7 at that time

3 go on   8 in fact

4 say hello to Ⓝ   9 in one's opinion

5 stand up   10 타동사+Ⓥ-ing

B 다음 빈칸에 알맞은 말을 보기 에서 골라 적절히 고쳐 쓰세요.

> 보기   be famous for   get on   get together   say hello to   stand up

1 그는 서울행 열차를 탔다.

He _____ the train for Seoul.

2 사람들은 일어서서 그에게 갈채를 보냈다.

People _____ and cheered him.

3 그녀가 너에게 안부를 전해달라고 부탁했어.

She asked me to _____ you.

4 모든 사람들이 모닥불 둘레에 모였다.

Everybody _____ around the campfire.

5 호주는 캥거루와 코알라로 유명하다.

Australia _____ kangaroos and koalas.

C 다음 문장의 빈칸에 들어갈 수 <u>없는</u> 동사를 고르세요.

I _____ reading the book.

① enjoyed   ② finished   ③ stopped   ④ gave up   ⑤ decided

56

D 다음 빈칸에 알맞은 말을 보기 에서 골라 쓰세요.

> 보기   at that time   in fact   in my opinion

1 그 당시 그녀는 겨우 5살이었다.

_____ she was only five years old.

2 실제로 지구상에 있는 물 중 3퍼센트만이 소금기가 없다.

_____, only three percent of the earth's water is fresh.

3 내 생각에는, 넌 부모님과 그 문제에 대해서 이야기해야 해.

_____, you should talk about the problem with your parents.

E 밑줄 친 부분에 유의하여 우리말로 옮기세요.

The match went on all day.

They went on talking for one hour.

치사의 힘

like …같은 / …같이[처럼]

- She **looks like** a fashion model. 그녀는 패션모델처럼 보인다.
- That **sounds like** my mother's voice. 저건 우리 어머니 목소리인 것 같다.
- **What is** the weather **like**? 날씨가 어떠니?

➕ *It takes courage to **stand up** and speak.* 일어서서 말하는 데는 용기가 필요하다.

57

DAY 14

학습일 | 1차:　월　일 | 2차:　월　일

동사 중심 표현

01 have a good [great] time

즐겁게 지내다

㈜ enjoy oneself, have fun

02 make noise

소리를 내다, 떠들다

03 pay for

…의 값을 치르다, 지불하다

• *pay A B for C* A에게 C의 값 B를 치르다
비교 pay back 갚다, 보복하다

04 turn on

(전등·TV 등을) 켜다, (수도·가스 등을) 틀다

반 turn off (전등·TV 등을) 끄다, (수도·가스 등을) 잠그다

05 write down

적어놓다

㈜ put down, take down

형용사 중심 표현

06 be covered with

…로 덮여 있다

전치사 중심 표현·부사어

07 around the world

전 세계에

㈜ all over the world

08 at first

처음에

비교 for the first time 처음으로

09 because of

… 때문에

㈜ due to ⓝ

잘 만났다 구문 표현!

10 be ⓥ-ing

…하고 있는 중이다(진행형)

58

핵심 예문

정답 p.273

1 여러분 모두가 이곳에서 즐거운 시간을 보내길 바랍니다.

I hope you all h_____ here.

2 교실에서 떠들지 마라.

Don't m_____ in the classroom.

3 엄마는 내 피아노 교습비를 지불했다.

Mom p_____ my piano lessons.

4 그는 컴퓨터를 켜서 이메일을 체크했다.

He t_____ his computer and checked his e-mail.

5 당신의 이름과 주소와 전화번호를 적어주세요.

Please w_____ your name, address and phone number.

형용사 중심 표현

6 남극은 얼음과 눈으로 덮여 있다.

The South Pole i_____ ice and snow.

전치사 중심 표현 · 부사어

7 내 꿈은 전 세계를 여행하는 것이다.

My dream is travelling a_____.

8 처음에 그는 그 소식을 믿을 수 없었다.

A_____, he couldn't believe the news.

9 짙은 안개 때문에 아무것도 보이지 않았다.

I couldn't see anything b_____ the thick fog.

잘 만났다 구문 표현!

10 너 지금 뭐 하고 있니?

What a_____ you d_____ now?

TV 보고 있는 중이야.

I a_____ w_____ TV.

59

REVIEW TEST

DAY 14

A 다음 표현의 뜻을 우리말로 쓰세요.

1 have a good[great] time

6 be covered with

2 make noise

7 around the world

3 pay for

8 at first

4 turn on

9 because of

5 write down

10 be ⓥ-ing

B 다음 빈칸에 알맞은 말을 보기 에서 골라 적절히 고쳐 쓰세요.

> 보기 be covered with   have a good time   pay for

1 표 값으로 얼마를 지불했니?

How much did you _____ the ticket?

2 그는 방학 동안 즐겁게 지냈다.

He _____ during the vacation.

3 그 산의 정상은 눈으로 덮여 있다.

The top of the mountain _____ snow.

C 다음 문장을 우리말로 옮길 때, 빈칸에 알맞은 말을 쓰세요.

1 Don't make noise when eating soup.

수프를 먹을 때 _____.

2 She does not turn on the radio when she studies.

그녀는 공부할 때는 라디오를 _____.

3 In your diary, you can write down your feelings about your day's activities.

너는 일기에 하루의 활동에 대한 네 느낌을 _____.

D 다음 빈칸에 알맞은 말을 보기 에서 골라 쓰세요.

> 보기   around the world   at first   because of

1 처음에는 아무도 그가 그걸 할 수 있다고 생각하지 않았다.

_____ nobody thought he could do it.

2 전 세계의 많은 사람들이 한국 상품을 좋아한다.

Many people _____ like Korean goods.

3 나는 소음 때문에 어젯밤 잠을 잘 잘 수가 없었다.

I couldn't sleep well last night _____ the noise.

E 오늘의 구문 표현을 되새기며, ( ) 안의 말을 알맞게 고쳐 쓰세요.

1 지금 밖에는 비가 오고 있는 중이야.

It (rain) outside now.

2 나는 책을 읽고 있는 중에 잠이 들었다.

While I (read) a book, I fell asleep.

치사의 힘

after ···뒤[후]에 ↔ before ···앞[전]에

- **after school** 방과 후에
- **after a while** 잠시 후에, 곧
- **day after day** 날마다
- **one after another** (셋 이상이) 차례로, 잇달아
- We used to **run after** squirrels. 우리는 다람쥐를 뒤쫓곤 했다.
- **After all**, we only live once. 결국 우리는 한 번만 살 뿐이다.
- I **looked after** my brother. 나는 남동생을 돌봤다.
- The rainy season will come **before long**. 머지않아 장마철이 올 거야.

➕ *Empty vessels[wagons]* ***make*** *the greatest* ***noise****.* 빈 수레가 요란하다.

61

01 find out 찾아내다, 알아내다

02 give up 포기[단념]하다, 그만두다

비교 give away 거저 주다

03 look forward to ⓥ-ing[ⓝ] …하기를 고대하다

비교 look for 찾다

04 wake up 깨어나다, 깨우다

비교 get up 일어나다
반 sleep 잠자다

05 allow A to ⓥ A가 …하도록 허락[허용]하다

비교 be allowed to ⓥ …하도록 허락[허용]되다

06 be[feel] sorry for [to ⓥ, that절] 유감스럽다, 안됐다, 미안하다

07 after school 방과 후에

비교 at school 학교에서, 수업 중에

08 last night 어젯밤에

비교 last week/month/year 지난주/달/해에

09 right now 지금 바로[당장]

유 right away, at once

10 be + 과거분사 (+ by 행위자) (…에 의해) ~되다[~지다, ~ 받다, ~당하다](수동태)

핵심 예문

동사 중심 표현

1 문제가 뭐였는지 알아냈니?
Did you f_____ what the problem was?

2 성공할 때까지 절대 포기하지 마라.
Never g_____ until you succeed.

담배 피우는 걸 그만두는 게 어때?
Why don't you g_____ smoking?

3 나는 네게서 곧 소식을 듣기를 고대한다.
I l_____ hearing from you soon.

4 나는 머리가 아파서 깨어났다. I w_____ with a headache.

엄마가 매일 아침 날 깨우신다.
My mom w_____ me u_____ every morning.

5 부모님은 내가 늦게까지 밖에 있는 것을 허락하지 않으려고 하신다.
My parents won't a_____ me t_____ stay out late.

형용사 중심 표현

6 난 그녀가 가엾게 느껴졌다. I f_____ her.

전치사 중심 표현 · 부사어

7 방과 후에 집으로 돌아왔다. A_____ I went back home.

8 어젯밤에 나는 12시까지 공부했다.
L_____ I studied until midnight.

9 지금 바로 여길 떠나라. Leave here r_____.

잘 만났다 구문 표현!

10 영어는 많은 사람들에 의해 말해지고 있다.
English i_____ many people.

이 편지들은 그녀에 의해 쓰여졌다.
These letters w_____ her.

그 일은 내일 끝나게 될 것이다.
The work will b_____ tomorrow.

63

REVIEW TEST

DAY 15

A 다음 표현의 뜻을 우리말로 쓰세요.

1 find out

2 give up

3 look forward to ⓥ-ing[ⓝ]

4 wake up

5 allow A to ⓥ

6 be[feel] sorry for[to ⓥ, that절]

7 after school

8 last night

9 right now

10 be+과거분사 (+by 행위자)

B 다음 빈칸에 알맞은 말을 보기 에서 골라 적절히 고쳐 쓰세요.

보기   feel sorry for   find out   give up   look forward to

1 그는 희망을 포기하지 않았다.

He did not ＿＿＿＿＿＿＿ hope.

2 그녀는 누가 창문을 깼는지 알아냈다.

She ＿＿＿＿＿＿＿ who broke the window.

3 우리 모두는 통일의 그 날을 고대한다.

We all ＿＿＿＿＿＿＿ the day of unification.

4 그녀는 길거리에 있는 노숙자들을 가엾게 여겼다.

She ＿＿＿＿＿＿＿ the homeless on the street.

C 밑줄 친 부분에 유의하여 우리말로 옮기세요.

1 Please <u>wake</u> me <u>up</u> at five o'clock in the morning.

In spring, frogs <u>wake up</u> from their long winter sleep.

2 My parents <u>allow</u> me <u>to watch</u> TV only on weekends.

D 다음 빈칸에 알맞은 말을 [보기]에서 골라 쓰세요.

> [보기] right now last night after school

1 방과 후에 뭐 할 거니?

What are you going to do _____?

2 나는 어젯밤에 이상한 꿈을 꿨다.

I had a strange dream _____.

3 우리는 지금 당장 해야 할 너무 많은 일들이 있다.

There are so many things for us to do _____.

E 오늘의 구문 표현을 이용하여 ( ) 안의 말을 수동태로 고쳐 쓰세요.

1 The teacher (respect) by his students.

그 선생님은 학생들에게 존경 받는다.

2 They (excite) with joy.

그들은 기쁨으로 흥분되었다.

치사·사의 힘

around …의 둘레[주위]에

- They **looked around** several rooms. 그들은 몇 개의 방을 둘러보았다.
- The moon **turns[goes, moves] around** the earth. 달은 지구 둘레를 돈다.
- **around the world** 전 세계에
- (just) **around the corner** 길모퉁이를 돌아선 곳에, 바로 가까이에
- He **turned around** and saw her. 그는 뒤돌아서서 그녀를 보았다.
- **run/walk around** 뛰어/걸어 돌아다니다

➕ ***Give up*** *making wishes. Instead, set goals.* 소원 비는 걸 그만둬라. 대신 목표를 세워라.

65

동사 중심 표현

01 come into

… 안에 들어오다

비교 come in 들어오다

02 take[have] a break

잠깐 쉬다[휴식을 취하다]

비교 get some rest 좀 쉬다[휴식을 취하다]

03 make it

시간에 맞추다, 해내다, (서로) 만나기로 하다

04 take a walk

산책하다

유 have a walk, go for a walk
비교 take a rest 쉬다   take a bath 목욕하다

05 try on

(옷 등을) 입어 보다

비교 try to ⓥ …하려고 노력하다
　　try ⓥ-ing (시험 삼아) …해보다, 시도하다

형용사 중심 표현

06 be made of

…로 만들어지다

• 재료의 질이 변하지 않는 경우
비교 be made from (재료의 질이 변하는 경우)
비교 be made up of …로 이루어지다[구성되다]

전치사 중심 표현 · 부사어

07 at once

곧[즉시], 한꺼번에[동시에]

유 right now, right away 즉시
　　at the same time 동시에
비교 all at once 갑자기, 다 한꺼번에

08 for a long time

오랫동안

유 for a long while

09 next to ⓝ

… 옆에

유 beside
비교 in front of …의 앞에

잘 만났다 구문 표현!

10 be being + 과거분사

…되고 있는 중이다(진행형 수동태)

정답 p.274

동사 중심 표현

1 그녀가 방으로 들어왔다.
   She c_____ the room.

2 우리는 잠깐 쉬기로 결정했다.
   We decided to t_____.

3 우리 내일 6시에 만날래? Shall we m_____ at six tomorrow?
   너는 틀림없이 잘 해낼 거야. I bet you can m_____.

4 우리 정원을 산책하는 게 어때?
   Why don't we t_____ in the garden?

5 그녀는 새 드레스를 입어 보았다.
   She t_____ her new dress.

형용사 중심 표현

6 그 탁자는 나무로 만들어졌다.
   The table i_____ wood.

전치사 중심 표현 · 부사어

7 즉시 그 일을 하겠습니다.
   I'll do it a_____.

   나는 많은 일을 한꺼번에 할 수 없어!
   I can't do many things a_____!

8 그녀는 오랫동안 생각에 잠긴 채 앉아 있었다.
   She sat thinking f_____.

9 선물 가게 옆에 제과점이 있다.
   There is a bakery n_____ the gift shop.

잘 만났다 구문 표현!

10 나무들이 인간의 손에 의해 베여 쓰러지고 있다.
    Trees a_____ down by human hands.

    야생 동물들이 사냥꾼들에 의해 죽임을 당하고 있다.
    The wild animals a_____ by hunters.

REVIEW TEST

DAY 16

A 다음 표현의 뜻을 우리말로 쓰세요.

1 come into

2 take[have] a break

3 make it

4 take a walk

5 try on

6 be made of

7 at once

8 for a long time

9 next to ⓝ

10 be being＋과거분사

B 다음 빈칸에 알맞은 말을 보기 에서 골라 적절히 고쳐 쓰세요.

> 보기 be made of   come into   take a break   take a walk   try on

1 난 피곤해. 잠깐 쉬자.

I'm tired. Let's _____.

2 이 치마 입어 봐도 될까요?

May I _____ this skirt?

3 그가 교실 안으로 들어왔다.

He _____ the classroom.

4 로봇의 심장은 배터리로 만들어져 있다.

The robot's heart _____ batteries.

5 그들은 매일 아침 공원을 산책한다.

They _____ in the park every morning.

C 밑줄 친 부분에 유의하여 우리말로 옮기세요.

What time shall we <u>make it</u>?

We can <u>make it</u> if we try.

D 다음 빈칸에 알맞은 말을 보기 에서 골라 쓰세요.

> 보기   at once   for a long time   next to

1 그녀는 학교에서 내 옆에 앉는다.

　She sits ＿＿＿＿＿＿＿＿ me at school.

2 나는 오랫동안 그를 보지 못했다.

　I haven't seen him ＿＿＿＿＿＿＿＿.

3 그녀는 즉시 집으로 돌아가기로 결심했다.

　She decided to return home ＿＿＿＿＿＿＿＿.

E 오늘의 구문 표현을 이용하여 ( ) 안의 말을 적절히 고쳐 진행형 수동태 문장을 만드세요.

도시의 대기가 자동차에 의해 오염되고 있다.(pollute)

The air of the cities ＿＿＿＿＿＿＿＿ by the cars.

치사의 힘

out of ⋯의 안에서 밖으로 / 벗어나서

- He **came out of** the cave. 그는 동굴 밖으로 나왔다.
- She **went out of** the house. 그녀는 집 밖으로 나갔다.
- Let's **get out of** here. 여기서 나가자.
- He **got out of** the car. 그는 차에서 내렸다.
- They **ran out of** food. 그들은 식량이 바닥났다.
- **out of sight** 안 보이는 (곳에)
- **out of breath** 숨이 차서

➕ *To do two things **at once** is to do neither.* 두 가지 일을 한꺼번에 하면 둘 다 못한다.

동사 중심 표현

01 come true

실현되다[이루어지다]

㊌ be realized

02 get a good/ bad grade

좋은/나쁜 성적을 받다

03 go away

(떠나)가다

㊌ leave 떠나다
비교 go out 외출하다   run away 도망가다

04 make a mistake

실수하다

비교 by mistake 실수로

05 smile at

…에게 미소 짓다

비교 laugh at 비웃다, 보고[듣고] 웃다

형용사 중심 표현

06 be about to ⓥ

막 …하려고 하다

비교 will, be going to ⓥ …할 것이다, …할 예정이다

전치사 중심 표현 · 부사어

07 by bus/car/ subway

버스/차/지하철을 타고

비교 by plane/ship 비행기/배를 타고   on foot 걸어서

08 many/all kinds of

많은/모든 종류의

비교 a kind of 일종의

09 thanks to ⓝ

… 덕택에, … 때문에

비교 because of, due to ⓝ … 때문에

잘 만났다 구문 표현!

10 have + 과거분사

과거부터 현재까지 동작 · 상태의 계속 · 경험 · 완료(현재완료형)

핵심 예문

정답 p.274

동사 중심 표현

1 네 모든 소원이 이루어지길 바란다.

I hope all of your wishes c_____.

2 나는 영어에서 좋은 성적을 얻었다.

I g_____ in English.

3 가버리고 날 혼자 있게 내버려 둬!

G_____ and leave me alone!

4 그는 수학 시험에서 실수했다.

He m_____ on the math test.

5 그녀는 그에게 미소 지으며 손을 흔들었다.

She s_____ him and waved.

형용사 중심 표현

6 그녀가 도착했을 때 우리는 막 떠나려고 하고 있었다.

We w_____ just a_____ leave when she arrived.

전치사 중심 표현 · 부사어

7 나는 버스를 타고 학교에 다닌다. I go to school b_____.

8 동물원에는 많은 종류의 동물들이 있다.

There are m_____ animals in the zoo.

9 네 도움 덕분에 나는 그것을 할 수 있었다.

T_____ your help, I was able to do it.

잘 만났다 구문 표현!

10 나는 여기서 10년 동안 살아오고 있다.

I h_____ here for 10 years.

너 런던에 가본 적이 있니?

H_____ you ever b_____ to London?

그는 막 숙제를 끝냈다.

He h_____ just f_____ his homework.

A 다음 표현의 뜻을 우리말로 쓰세요.

1 come true

2 get a good/bad grade

3 go away

4 make a mistake

5 smile at

6 be about to ⓥ

7 by bus/car/subway

8 many/all kinds of

9 thanks to ⓝ

10 have + 과거분사

B 다음 빈칸에 알맞은 말을 보기 에서 골라 적절히 고쳐 쓰세요.

보기　　be about to　　come true　　go away

1 승무원이 비행기가 곧 이륙할 거라고 말했다.

The attendant said the plane _____ take off.

2 난 이제 널 절대 떠나가게 하지 않을 거야.

I am never going to let you _____ now.

3 우리는 꿈을 이루기 위해서 최선을 다해야 한다.

We have to do our best to make our dreams _____.

C 오늘의 구문 표현을 이용하여 ( ) 안의 말을 적절히 고쳐 현재완료형 문장으로 만드세요.

1 그는 그때 이후로 그녀를 알아 왔다.(know)

He _____ _____ her since then.

2 나는 이전에 그를 만난 적이 있다.(meet)

I _____ _____ him before.

3 그들은 막 점심을 먹었다.(eat)

They _____ just _____ lunch.

D 다음 빈칸에 알맞은 말을 보기 에서 골라 쓰세요.

> 보기　by bus　　many kinds of　　thanks to

1 할머니는 많은 종류의 채소를 재배하신다.

My grandmother grows _____ vegetables.

2 그는 일곱 시에 버스를 타고 일하러 간다.

He goes to work _____ at seven.

3 그의 충고 덕분에 나는 그것을 더 일찍 끝낼 수 있었다.

_____ his advice, I could finish it earlier.

E 다음 문장을 우리말로 옮길 때, 빈칸에 알맞은 말을 쓰세요.

1 He made mistakes in spelling.

그는 철자에서 _____.

2 She got good grades in all subjects.

그녀는 모든 과목에서 _____.

3 When people smile at each other, the world will be brighter and better.

_____ 세상은 더욱 밝고 좋아질 거야.

치사·사의 힘

along 따라서(평행하여)

- go/walk/drive **along** the riverside 강변을 따라 가다/걷다/차를 몰다
- He is **getting along with** his neighbors. 그는 이웃들과 사이좋게 지내고 있다.
- Do you want to **come along** (with me)? 너도 (나와) 함께 갈래?
- I sent the book **along with** other things. 나는 다른 것들과 함께 그 책을 보냈다.

➕ *Dreams **come true**; otherwise, nature would not make us have them.*
꿈은 이루어진다. 그렇지 않다면 자연이 우리에게 꿈을 갖게 하지 않았을 것이다.

01 come over

(누구의 집에) 들르다, 건너오다

02 dream about[of]

…에 대해 꿈꾸다

03 hear from

…로부터 연락[편지·전화·전갈]을 받다

비교 hear about[of] …에 대해서 전해 듣다, …의 소식[소문]을 듣다

04 hope to ⓥ

…하기를 바라다[희망하다]

㈜ wish to ⓥ

05 welcome to ⓝ

…에 온 것을 환영하다

비교 You're welcome. ("Thank you."에 대하여) 천만에.

06 be tired of

…에 싫증이 나다

㈜ be sick of
비교 be tired from[with] …로 피곤하다

07 and so on[forth]

기타 등등

㈜ etc.

08 on television[TV]

텔레비전에(서)

09 on time

시간을 어기지 않고, 제시간에

비교 in time 때를 맞춰, 늦지 않게

10 have been ⓥ-ing

계속 …해오고 있는 중이다(완료 진행형)

핵심 예문

정답 p.274

동사 중심 표현

1 내일 집에 들를 수 있니?
   Can you c _____ tomorrow?

2 그들은 오랫동안 달나라 여행을 꿈꿨다.
   They long d _____ a trip to the moon.

3 너로부터 연락을 받게 되어 기뻐.
   I'm glad to h _____ you.

4 나는 하버드대학에서 법학을 공부하기를 바란다.
   I h _____ study law at Harvard.

5 우리 집에 온 것을 환영합니다!
   W _____ my house!

형용사 중심 표현

6 매일 빵을 먹는 게 지겹다.
   I a _____ eating bread every day.

전치사 중심 표현 · 부사어

7 나는 화장지, 칫솔 등을 샀다.
   I bought toilet paper, toothbrushes, a _____.

8 나는 텔레비전에서 영화를 봤다.
   I watched the film o _____.

9 난 우리가 제시간에 도착하길 바란다.
   I hope we'll arrive o _____.

잘 만났다 구문 표현!

10 우리는 500여년 동안 한글을 사용해오고 있다.
    We h _____ *Han-geul* for over five hundred years.

    그는 2시부터 널 기다리고 있어.
    He h _____ for you since two o'clock.

REVIEW TEST

A 다음 표현의 뜻을 우리말로 쓰세요.

1 come over

2 dream about[of]

3 hear from

4 hope to ⓥ

5 welcome to ⓝ

6 be tired of

7 and so on[forth]

8 on television[TV]

9 on time

10 have been ⓥ-ing

B 다음 빈칸에 알맞은 말을 보기 에서 골라 적절히 고쳐 쓰세요.

> 보기 　come over　　dream about[of]　　hear from　　hope to

1 당신을 또 뵙기를 바랍니다.

I ＿＿＿＿＿＿＿＿ see you again.

2 집에 들를 수 없으면 내게 전화를 해줘.

If you can't ＿＿＿＿＿＿＿＿, give me a call.

3 나는 곧 다시 네게서 연락을 받기를 고대한다.

I look forward to ＿＿＿＿＿＿＿＿ you again soon.

4 모든 한국인은 나라가 통일되는 걸 보기를 꿈꾸고 있다.

All Koreans ＿＿＿＿＿＿＿＿ seeing their country reunited.

C 다음 문장을 우리말로 옮기세요.

1 Welcome to Korea!

2 I am tired of waiting.

D 다음 빈칸에 알맞은 말을 보기 에서 골라 쓰세요.

> 보기   and so on   on TV   on time

1 넌 제시간에 학교에 도착해야 해.

You must get to school _____.

2 그는 텔레비전에서 야구 경기를 보았다.

He watched the baseball game _____.

3 우리는 자동차, 선박, 컴퓨터 등과 같은 많은 것을 수출한다.

We export many things such as cars, ships, computers, _____.

E 오늘의 구문 표현을 이용하여 ( ) 안의 말을 알맞게 고쳐 완료 진행형 문장을 만드세요.

나는 3년 동안 영어를 공부해오고 있어.(study)

I _____ English for three years.

전치사·
부사의 힘

over/above …위에

- This novel is loved **all over the world**. 이 소설은 전 세계적으로 사랑받고 있다.
- How about parking **over there/here**? 저쪽/이쪽에 주차하는 게 어때?
- Can you **come over**? 너 올 수 있니?
- She **turned** steak **over**. 그녀는 스테이크를 뒤집었다.
- He **turned over** the pages of the book. 그는 책장을 넘겼다.
- Practice it **over and over again**. 그것을 여러 번 반복해서 연습해라.
- **above all** 무엇보다도, 특히

➕ *Some people **dream of** success while others wake up and work hard at it.*
어떤 사람들은 성공을 꿈꾸는 반면에 다른 사람들은 깨어나서 성공을 목표로 열심히 일한다.

 **DAY 19**

학습일 | 1차: 월 일 | 2차: 월 일

동사 중심 표현

01 cheer up 기운을 내다, 격려하다

02 come out of …에서 밖으로 나오다
㈌ get out of
비교 come from … 출신이다, …에서 생기다

03 go by (사람·시간·기회 등이) 지나가다
㈌ pass by

04 stop by 잠시 들르다
㈌ drop by[in]

05 take a bus/taxi/ subway 버스/택시/지하철을 타다
㈌ get on a bus/subway, get in a taxi
㈎ get off a bus/taxi/subway 버스/택시/지하철에서 내리다

형용사 중심 표현

06 be happy with …로 행복하다[기쁘다], …에 만족하다

전치사 중심 표현·부사어

07 generally speaking 일반적으로 말하면
비교 honestly[frankly] speaking 솔직히 말하면

08 on one's own 혼자 (힘으로)
㈌ alone, by oneself

09 (in) this/that way 이런/그런 식으로, 이쪽/저쪽으로

잘 만났다 구문 표현!

10 have been + 과거분사 …되어 왔다, …된 적이 있다, …되었다(완료 수동태)

핵심 예문

정답 p.274

동사 중심 표현

1 힘내! 모든 게 괜찮아질 거야.
　C _____! Everything will be OK.

　코치가 우리를 격려했다.
　The coach c _____ us u _____.

2 그들은 동굴 밖으로 나왔다. They c _____ the cave.

3 다섯 시간이 지났다. Five hours w _____.

4 오늘 저녁에 들를게. I'll s _____ this evening.

5 그는 강릉 가는 버스를 탔다.
　He t _____ for Gangneung.

형용사 중심 표현

6 그는 자신의 일에 만족하고 있다.
　He i _____ his job.

전치사 중심 표현 · 부사어

7 일반적으로 말하면, 한국산 텔레비전은 좋다.
　G _____, Korean-made TVs are good.

8 나는 그것을 혼자 했다.
　I did it o _____.

9 저쪽으로 걸어가세요. Walk t _____.

　이런 식으로 나는 내 영어 실력을 향상시킬 수 있다.
　T _____ I can improve my English.

잘 만났다 구문 표현!

10 세계의 대부분 지역이 탐험되었다.
　Most parts of the world h _____.

　한국전쟁 이래로 많은 가족들이 떨어져 있다.
　Many families h _____ since the Korean War.

79

REVIEW TEST

DAY 19

A 다음 표현의 뜻을 우리말로 쓰세요.

1 cheer up

6 be happy with

2 come out of

7 generally speaking

3 go by

8 on one's own

4 stop by

9 (in) this/that way

5 take a bus/taxi/subway

10 have been＋과거분사

B 다음 빈칸에 알맞은 말을 보기 에서 골라 적절히 고쳐 쓰세요.

보기   be happy with   come out of   go by   stop by   take a bus

1 시간이 너무 빨리 지나간다.

Time _____ so quickly.

2 나는 그 선물을 받아 기뻤다.

I _____ the gifts.

3 쇼핑하고 집에 가는 도중에 잠시 들렀어.

I _____ on my way home from shopping.

4 밝은 달이 구름 밖으로 나왔다.

The bright moon _____ the clouds.

5 그는 학교에 가기 위해 때때로 버스를 탄다.

He sometimes _____ to go to school.

C 밑줄 친 부분에 유의하여 우리말로 옮기세요.

A car is coming this way.

This way she saves some money each month.

D 다음 문장을 우리말로 옮길 때, 빈칸에 알맞은 말을 쓰세요.

1 Cheer up! You'll do better next time.

_____! 다음번에는 더 잘할 수 있을 거야.

2 He is too weak to stand on his own.

그는 너무 약해서 _____ 서 있을 수 없다.

3 Generally speaking, women live longer than men.

_____, 여성이 남성보다 더 오래 산다.

E 오늘의 구문 표현을 이용하여 ( ) 안의 말을 적절히 고쳐 완료 수동태 문장을 완성하세요.

한국은 반세기 동안 남북으로 분단되어 왔다. (divide)

Korea _____ into South and North for half a century.

치사의 힘

through/throughout 통(과)하여 / 처음부터 끝까지

- **look through** a telescope 망원경을 통해 보다
- **look through** a paper 신문을 훑어보다
- He **ran through** the red light. 그는 빨간 신호를 무시하고 달렸다.
- She **went through** many difficulties. 그녀는 많은 어려움을 겪었다.
- travel **through[throughout]** Europe 유럽 곳곳을 여행하다
- **throughout** the winter 겨울 내내

➕ *Great things can **come out of** a place where all is quiet except your heartbeat.*
위대한 것은 심장 박동 이외에는 모든 게 조용한 곳에서 나올 수 있다.

동사 중심 표현

01 get along (with)
(…와) 잘 지내다

02 happen to ⓝ/ⓥ
…에게 일어나다/우연히 …하다

03 make sense
말이 되다, 이해가 되다

04 say[talk] to oneself
혼잣말을 하다, 마음속으로 생각하다
비교 think to oneself 마음속으로 생각하다

05 turn off
(전등·TV 등을) 끄다, (수도·가스 등을) 잠그다
반 turn on (전등·TV 등을) 켜다, (수도·가스 등을) 틀다

형용사 중심 표현

06 be supposed to ⓥ
…하기로 되어 있다[…해야 한다]
반 be not supposed to ⓥ …해서는 안 된다(금지)

전치사 중심 표현·부사어

07 all the time
언제나, 항상
유 always, every[each] time

08 for a while
잠시 동안
유 for a moment
비교 after a while 잠시 후에
for a long while 오랫동안
in a (little) while 좀 있으면, 곧

09 millions of
수백만의, 무수한
• dozens/hundreds/thousands of 수십/수백/수천의

잘 만났다 구문 표현!

10 had + 과거분사
과거 어느 시점까지 동작·상태의 계속·경험·완료(과거완료)
과거 어느 시점보다 앞선 때

핵심 예문

정답 p.275

동사 중심 표현

1 그는 급우들과 잘 지낸다. He g_____ his classmates.

2 똑같은 일이 어제 내게도 일어났어.

The same thing h_____ me yesterday.

나는 우연히 그들의 대화를 듣게 되었다.

I h_____ hear their conversation.

3 그게 말이 되는 거 같니? Does that seem to m_____?

4 나는 "해볼까?"하고 혼자 중얼거렸다. I s_____, "Shall I try?"

5 방에서 나갈 때 불을 꺼라.

T_____ the lights when you go out of the room.

형용사 중심 표현

6 새로운 법은 범죄를 예방하기로 되어 있다.

The new laws a_____ prevent crime.

경찰관은 친절해야 한다.

A policeman i_____ be kind.

전치사 중심 표현 · 부사어

7 이런 일은 언제나 일어난다. This happens a_____.

8 그는 잠시 동안 심각하게 생각했다. He thought seriously f_____.

9 그들은 1년에 수백만 달러를 광고에 쓴다.

They spend m_____ dollars a year on ads.

잘 만났다 구문 표현!

10 나는 이전에 그 영화를 본 적이 있어서 어젯밤에 보러 가지 않았다.

I didn't go to see the film last night because I h_____ it before.

그녀는 문을 잠그지 않았다는 것을 기억했다.

She remembered that she h_____ not l_____ the door.

REVIEW TEST

DAY 20

A 다음 표현의 뜻을 우리말로 쓰세요.

1 get along (with)

2 happen to ⓝ/ⓥ

3 make sense

4 say[talk] to oneself

5 turn off

6 be supposed to ⓥ

7 all the time

8 for a while

9 millions of

10 had + 과거분사

B 다음 빈칸에 알맞은 말을 보기 에서 골라 적절히 고쳐 쓰세요.

　보기　　get along with　　make sense　　say to oneself　　turn off

1 나는 "그걸 해냈어."라고 혼잣말을 했다.

I _____, "I did it."

2 나는 여동생과 사이좋게 지낸다.

I _____ my sister.

3 이 보고서를 읽고 이해가 되는지 내게 말해 줘.

Read this report and tell me if it _____.

4 영화관에 들어가기 전에 휴대폰을 꺼라.

_____ your cellular phone before you enter a movie theater.

C 밑줄 친 부분에 유의하여 우리말로 옮기세요.

1 I happened to meet her in the elevator.

I hope that good things happen to you all the time.

2 The meeting is supposed to end at seven.

You are supposed to take off your hat here.

84

D 다음 빈칸에 알맞은 말을 [보기]에서 골라 쓰세요.

> [보기]   all the time   for a while   millions of

1 선생님은 잠시 동안 말이 없었다.

The teacher was silent _____.

2 매년 수백만의 사람들이 그 도시를 방문한다.

Every year _____ people visit the city.

3 네가 날 필요로 하면 난 언제나 여기에 있어.

I'm here _____, if you need me.

E 오늘의 구문 표현을 이용하여 ( ) 안의 말을 적절히 고쳐 과거완료형 문장을 완성하세요.

내가 역에 도착했을 때 열차는 이미 출발했었다. (start)

When I got to the station, the train _____ already _____.

치사의 힘

against …에 대항하여 / …에 반대하여

- **against** the law 법을 위반하여
- **against** one's will 본의 아니게
- He **protected** our country **against** the Japanese invasion.
  그는 일본의 침략에 맞서 우리나라를 지켰다.
- He **fought against** the enemy. 그는 적에 맞서 싸웠다.
- Are you **for or against** my opinion? 넌 내 의견에 찬성이니 반대니?

➕ *You cannot fool all the people **all the time**.* 모든 사람들을 항상 속일 수는 없다.

85

동사 중심 표현

01 catch[get]/ have a cold

감기에 걸리다/걸려 있다

• *have a cold*는 걸려 있는 상태를 나타냄.

02 dress up

잘 차려 입다, 정장하다, 분장하다

03 go straight

곧장 가다

04 look around

돌아[둘러]보다

비교 look into 들여다보다, 조사하다

05 set up

세우다, 설립[설치]하다

비교 set out 출발하다, 차려놓다

형용사 중심 표현

06 be used for

…로[…을 위해] 사용되다

비교 be[get] used to ⓝ[ⓥ-ing] …에 익숙하다[…에 익숙해지다]

전치사 중심 표현 · 부사어

07 a piece of

한 조각의, 한 개의

• *a piece of paper/bread/chalk/meat/land*

08 for the first time

처음으로

비교 at first 처음에

09 to tell the truth

사실대로 말하자면

잘 만났다 구문 표현!

10 not only A but (also) B=B as well as A

A뿐만 아니라 B도 역시

핵심 예문

정답 p.275

동사 중심 표현

1 나 감기에 걸렸어. I've c_____.

2 그녀는 파티를 위해 잘 차려 입었다. She d_____ for the party.

   그녀는 요정으로 분장했다. She d_____ as a fairy.

3 곧장 두 블록을 가서 왼쪽으로 도세요.

   G_____ two blocks and turn left.

4 가게들을 둘러보자.

   Let's l_____ the stores.

5 그녀는 자선 단체를 설립했다.

   She s_____ a charity organization.

형용사 중심 표현

6 망치는 못을 박는 데 쓰인다.

   A hammer i_____ knocking in nails.

전치사 중심 표현 · 부사어

7 그녀는 종이에 그의 주소를 적었다.

   She wrote down his address on a_____ paper.

8 나는 그를 그때 처음으로 만났다.

   I met him then f_____.

9 사실대로 말하자면, 난 그를 사랑해.

   T_____, I love him.

잘 만났다 구문 표현!

10 누구나 건강한 신체뿐만 아니라 건전한 정신도 누려야 한다.

   Everybody should enjoy n_____ a sound body b_____ a sound mind.

   = Everybody should enjoy a sound mind a_____ a sound body.

REVIEW TEST

DAY 21

A 다음 표현의 뜻을 우리말로 쓰세요.

1 catch[get]/have a cold

2 dress up

3 go straight

4 look around

5 set up

6 be used for

7 a piece of

8 for the first time

9 to tell the truth

10 not only A but (also) B

B 다음 빈칸에 알맞은 말을 보기 에서 골라 적절히 고쳐 쓰세요.

보기   be used for   go straight   have a cold   look around

1 너는 감기에 걸린 것 같구나.

It seems that you _____.

2 그는 그녀를 찾기 위해 둘러보았다.

He _____ to find her.

3 오른쪽으로 돌아 앞으로 곧장 가세요.

Turn right and _____ ahead.

4 스테이플러는 여러 장의 종이를 함께 묶기 위해 사용된다.

A stapler _____ holding pieces of paper together.

C 밑줄 친 부분에 유의하여 우리말로 옮기세요.

1 We set up our tents.

They decided to set up a school.

2 On Halloween, American children dress up as ghosts and monsters.

On New Year's Day, Korean people dress up in traditional costumes.

정답 p.275

D 다음 빈칸에 알맞은 말을 [보기]에서 골라 쓰세요.

> [보기] a piece of   for the first time   to tell the truth

1 사실대로 말하자면 난 정말 모르겠어.

_____, I really don't know.

2 그는 내게 빵 한 조각을 주었다.

He gave me _____ bread.

3 평생 처음으로 연애편지를 받았다.

I received a love letter _____ in my life.

E 오늘의 구문 표현을 넣어 문장을 완성하세요.

한국의 통일은 우리에게 행복뿐만 아니라 발전도 가져올 것이다.

The unification of Korea will bring us _____ happiness _____
progress.

= The unification of Korea will bring us progress _____ happiness.

전치사의 힘

between/among …사이에

between 둘 또는 셋 이상 개별적인 관계
- the soccer game **between** Korea **and** Italy 한국과 이탈리아 간의 축구 경기
- **between you and me** 우리끼리 얘긴데

among 개별적인 관계가 아닌 셋 이상
- Mountain climbing **is popular among** adults.
  등산은 성인들 사이에서 인기가 좋다.

➕ Stop and **look around** once in a while not to miss your life.
   삶을 놓치지 않으려면 가끔 한 번씩 멈춰 주위를 둘러보아라.

DAY 22

학습일 | 1차: 월 일 | 2차: 월 일

동사 중심 표현

01 depend on[upon] ···에 의지[의존]하다, ···에 달려 있다, 믿다

02 forget to ⓥ (미래에) ···할 것을 잊어버리다

- *forget* ⓥ-*ing* (과거에) ···했던 것을 잊어버리다
- ⓑ remember to ⓥ (미래에) ···할 것을 기억하다
  remember ⓥ-*ing* (과거에) ···했던 것을 기억하다

03 lead to ⓝ ···에 이르다[···하게 되다]

- 〈원인+*lead to*+결과〉 구문을 이끎.
- ⓨ cause

04 make a decision 결정을 하다

- ⓨ decide

05 worry about ···에 대해 걱정하다

- ⓨ be worried about

형용사 중심 표현

06 be busy (in) ⓥ-ing ···하느라 바쁘다

비교 be busy with ···로 바쁘다

전치사 중심 표현 · 부사어

07 by oneself 혼자서, 혼자 힘으로

- ⓨ alone, without help, on one's own

08 far away 멀리 (떨어져 있는)

09 with a smile 미소를 지으며

잘 만났다 구문 표현!

10 both A and B A와 B 둘 다

핵심 예문

정답 p.275

동사 중심 표현

1 모든 동식물은 서로에게 의존한다.

All plants and animals d_____ each other.

많은 것이 너에게 달려 있다.
Much d_____ you.

2 불 끄는 거 잊지 마. Don't f_____ turn off the lights.

3 모든 길은 로마에 이른다. All roads l_____ Rome.

스트레스는 신체의 질병이 될 수 있다. Stress can l_____ physical illness.

4 우리는 오늘 결정을 해야 한다. We have to m_____ today.

5 내 걱정하지 마. 난 괜찮아질 거야.

Don't w_____ me. I'll be all right.

형용사 중심 표현

6 그녀는 수업을 준비하느라 바쁘다.

She i_____ preparing for class.

전치사 중심 표현 · 부사어

7 난 혼자서 집을 다 청소했다. I cleaned all the house b_____.

너 혼자의 힘으로 소파를 옮길 수 있다고 생각하니?

Do you think you can move the sofa b_____?

8 태양은 지구에서 멀리 떨어져 있다. The sun is f_____ from the earth.

9 그녀는 미소를 지으며 그를 바라보았다. She looked at him w_____.

잘 만났다 구문 표현!

10 그녀는 영어와 불어 둘 다 할 수 있다.

She can speak b_____ English a_____ French.

텔레비전은 이롭기도 하고 해롭기도 하다.
TV is b_____ good a_____ bad.

91

REVIEW TEST

DAY 22

A 다음 표현의 뜻을 우리말로 쓰세요.

1 depend on[upon]

2 forget to ⓥ

3 lead to ⓝ

4 make a decision

5 worry about

6 be busy (in) ⓥ-ing

7 by oneself

8 far away

9 with a smile

10 both A and B

B 다음 빈칸에 알맞은 말을 [보기]에서 골라 쓰세요.

[보기]　lead to　　make a decision　　worry about

1 가끔 나는 미래에 대해 걱정한다.

Sometimes I _____ the future.

2 결정을 하기 전에 철저히 생각해라.

Think hard before you _____.

3 너무 많은 설탕을 먹는 것은 건강에 문제가 될 수 있다.

Eating too much sugar can _____ health problems.

C 밑줄 친 부분에 유의하여 우리말로 옮기세요.

The future world <u>depends on</u> you.

The country <u>depends on</u> its tourist trade.

D 오늘의 구문 표현을 넣어 문장을 완성하세요.

여가 활동은 네 몸과 마음 둘 다에 유익하다.

Free time activities are good for _____ your body _____
your mind.

E 다음 빈칸에 알맞은 말을 보기 에서 골라 적절히 고쳐 쓰세요.

보기   by oneself   far away   with a smile

1 그는 미소를 지으면서 고개를 끄덕였다.

He nodded _____.

2 난 그 문제를 혼자 힘으로 풀 수 있어.

I can solve the problem _____.

3 그의 집은 마을에서 멀리 떨어져 있다.

His house is _____ from the village.

F 다음 문장을 우리말로 옮기세요.

1 Don't forget to feed the dog.

2 She is busy studying for her exams.

**치사·
사의 힘**

behind … 뒤에, beyond … 너머 / …을 넘어

- Don't **leave** any items **behind.** 어떤 물건도 두고 가지 마시오.
- Try not to **fall behind** with your schoolwork. 학업에 뒤처지지 않도록 노력해라.
- It is **beyond** the river. 그건 강 너머에 있다.

➕ If you **depend on** others to make you happy, you will be only disappointed.
너를 행복하게 하기 위해 남에게 의지하면 실망만 하게 될 것이다.

DAY 23

동사 중심 표현

01 believe in ···의 존재를 믿다, 좋다고 믿다

- *believe him* 그의 '말'을 믿다
  believe in him 그의 '사람됨[능력]'을 믿다

02 come out 나오다

비교 come in 들어오다
come out of ···에서 밖으로 나오다

03 cut down (나무를) 베어 쓰러뜨리다, (수량을) 줄이다

비교 cut off 잘라내다, 끊다
cut down on (수량을) 줄이다

04 invite A to ⓝ/ⓥ A를 ···에 초대하다/A에게 ···하기를 청하다

05 spend 돈[시간] (on[in]) ⓝ[ⓥ-ing] ···에 돈을 쓰다[시간을 보내다]

형용사 중심 표현

06 be[get] excited about ···에 흥분하다[들뜨다]

전치사 중심 표현 · 부사어

07 each of 각각, 각자

비교 each other 서로

08 side by side 나란히

09 up and down 위아래로, 이리저리

잘 만났다 구문 표현!

10 either A or B A 또는 B
neither A nor B A도 B도 아닌

- A · B가 주어일 때 동사는 B에 일치시킨다.

94

핵심 예문

동사 중심 표현

1 너는 신의 존재를 믿니? Do you b_____ God?

2 새잎들이 봄에 나온다. New leaves c_____ in spring.

3 그들은 많은 나무를 베어 쓰러뜨렸다.
   They c_____ many trees.

4 그는 나를 자기 집에 초대했다.
   He i_____ me t_____ his house.

5 그녀는 옷에 많은 돈을 쓴다.
   She s_____ a lot of money o_____ clothes.

   나는 많은 시간을 그 방을 청소하는 데 보냈다.
   I s_____ a lot of time cleaning that room.

형용사 중심 표현

6 그녀는 여행에 들떠 있다.
   She i_____ the trip.

전치사 중심 표현·부사어

7 여러분 각자에게 행운이 있기를 바랍니다.
   I wish the best of luck to e_____ you.

8 우리는 나란히 해변을 따라 걸었다.
   We walked along the beach, s_____.

9 그는 에스컬레이터를 오르내렸다.
   He went u_____ the escalator.

잘 만났다 구문 표현!

10 그녀는 미국인이거나 캐나다인이다.
   She is e_____ an American o_____ a Canadian.

   그는 술을 마시지도 담배를 피우지도 않는다.
   He n_____ drinks n_____ smokes.

95

A 다음 표현의 뜻을 우리말로 쓰세요.

1 believe in
2 come out
3 cut down
4 invite A to ⓝ/ⓥ
5 spend 돈[시간] (on[in]) ⓝ[ⓥ-ing]

6 be[get] excited about
7 each of
8 side by side
9 up and down
10 either A or B / neither A nor B

B 다음 빈칸에 알맞은 말을 보기 에서 골라 적절히 고쳐 쓰세요.

보기   be excited about   believe in   come out   cut down

1 그는 산타의 존재를 믿지 않는다.

He doesn't _____ Santa.

2 그들은 여름 캠프에 들떠 있었다.

They _____ the summer camp.

3 그녀는 밤에 유령들이 나온다고 믿는다.

She believes that ghosts _____ at night.

4 매년 우리는 종이를 만들기 위해서 수백만 그루의 나무를 베어 쓰러뜨린다.

Every year we _____ millions of trees to make paper.

C 밑줄 친 부분에 유의하여 우리말로 옮기세요.

1 They invited him to their party.

We invited her to have dinner with us.

2 She spends much money on books.

He spends much time reading.

정답 p.276

D 다음 빈칸에 알맞은 말을 보기 에서 골라 적절히 고쳐 쓰세요.

> 보기   each of   up and down   side by side

1 우리는 각자 자신의 의견을 갖고 있다.

_____ us has his own opinion.

2 두 주자가 나란히 달리고 있다.

The two runners are running _____.

3 아이들이 신나서 위아래로 뛰었다.

The children were jumping _____ with excitement.

E 오늘의 구문 표현을 넣어 문장을 완성하세요.

1 너는 노래를 부르든가 춤을 추든가 해야 한다.

You must _____ sing _____ dance.

2 시간도 돈도 낭비하지 마라.

Waste _____ time _____ money.

치사의 힘

across 가로질러 / 맞은편에
• **run/walk across** the street 길을 뛰어/걸어서 건너다
• **go across** a stream 개울을 건너가다
• It is **across from** City Hall. 그건 시청 맞은편에 있어.

toward …을 향하여
• go/come/walk/run/move/turn **toward**
   … 쪽으로 가다/오다/걷다/달리다/움직이다/돌다

except …을 제외하고
• **except** one thing 한 가지를 제외하고

➕ *There is no future in **spend**ing **the present** worry**ing** about the past.*
과거를 걱정하면서 현재를 보내면 미래가 없다.

97

DAY 24

동사 중심 표현

01 clean up[out]　　청소하다

02 hurry up　　서두르다
비교 in a hurry 서둘러, 급히

03 make sure　　확인하다, 확실히 …하다
비교 be sure of[(that)] 확신하다

04 put up　　올리다[세우다], 내붙이다
유 raise, set up 올리다[세우다]
비교 put up with 참다

05 run across　　뛰어 건너다, 우연히 만나다
유 run into 우연히 만나다

형용사 중심 표현

06 be divided into　　…로 나누어져 있다
비교 divide A into B A를 B로 나누다

전치사 중심 표현·부사어

07 at least　　적어도
비교 at last 마침내

08 at the same time　　동시에
비교 at once 곧[즉시], 한꺼번에[동시에]

09 instead of　　… 대신에

잘 만났다 구문 표현!

10 not A but B　　A가 아니라 B

핵심 예문

정답 p.276

1 우리는 집을 청소해야 한다.
We have to c_____ our house.

2 우리는 서두르는 게 낫겠다.
We had better h_____.

3 창문이 닫혔는지 확인해라. M_____ that the window is closed.

반드시 교과서를 가지고 오세요.
M_____ to bring your textbooks.

4 난 손을 들었다. I p_____ my hand.

우리는 텐트를 쳤다. We p_____ our tents.

포스터를 붙여도 될까요? Can I p_____ some posters?

5 개가 공원을 가로질러 달렸다.
The dog r_____ the park.

나는 마을에서 옛 친구들을 우연히 만났다.
I r_____ old friends in the village.

형용사 중심 표현

6 그 책은 6개의 절로 나누어져 있다.
The book i_____ six sections.

전치사 중심 표현 · 부사어

7 그것은 적어도 10달러가 들 것이다.
It will cost a_____ ten dollars.

8 컨트롤키와 C키를 동시에 눌러라.
Push the "Ctrl" key and the "C" key a_____.

9 차를 타는 대신에 걸어라. Walk i_____ taking a car.

잘 만났다 구문 표현!

10 우리 모두는 돈이 아니라 사랑이 필요하다.
All we need n_____ money b_____ love.

REVIEW TEST

DAY 24

A 다음 표현의 뜻을 우리말로 쓰세요.

1 clean up[out]

2 hurry up

3 make sure

4 put up

5 run across

6 be divided into

7 at least

8 at the same time

9 instead of

10 not A but B

B 다음 빈칸에 알맞은 말을 보기 에서 골라 적절히 고쳐 쓰세요.

보기 be divided into   clean up   hurry up   make sure   run across

1 그들은 소풍 장소를 청소했다.

They _____ their picnic place.

2 한국은 두 국가로 나누어져 있다.

Korea _____ two nations.

3 서둘러, 그렇지 않으면 우린 학교에 지각할 거야.

_____, or we'll be late for school.

4 그는 신호등이 빨간불로 바뀐 후에 길을 뛰어 건넜다.

He _____ the street after the light turned red.

5 잠자리에 들기 전에 라디오를 확실히 끄도록 해.

_____ that you turn off the radio before you go to bed.

C 밑줄 친 부분에 유의하여 우리말로 옮기세요.

He put up the sign in front of his store.

She put up her hand to answer the question.

D 다음 빈칸에 알맞은 말을 보기 에서 골라 쓰세요.

> 보기　　at least　　at the same time　　instead of

1 그들은 동시에 나를 바라보았다.

They looked at me _____.

2 하루에 적어도 세 번 이를 닦아라.

Brush your teeth _____ three times a day.

3 커피 대신 녹차를 마시는 게 낫다.

You had better drink green tea _____ coffee.

E 오늘의 구문 표현을 넣어 문장을 완성하세요.

중요한 것은 경기에 이기는 것이 아니라 참가하는 것이다.

The important thing is _____ to win _____ to take part in the game.

치사의 힘

without … 없이 / …하지 않고

- I cannot live **without** you. 난 너 없이는 살 수 없어.
- Saying **without** doing is not right. 행하지 않고 말만 하는 건 옳지 않아.

under … 아래에

- **under** a tree 나무 아래에
- **under** the sea 바다 밑에

beside …의 옆에

- **beside** the lake 호수 옆에

during … 동안

- **during** summer vacation 여름방학 동안

within … 이내에 / … 안에

- **within** a week 일주일 이내에
- **within** walking distance 걸어 다닐 수 있는 거리 안에

➕ *When God measures a person, he measures around the heart **instead of** the head.*
신이 인간을 측정할 때는 머리 대신 가슴둘레를 잰다.

101

동사 중심 표현

01 hold on

(전화를 끊지 않고) 잠시 기다리다

㈜ hold the line, hang on
비교 hold on (to) (~을) 계속 잡고 있다

02 make money

돈을 벌다

㈜ earn money

03 make up

구성하다, 만들어내다, (이야기를) 지어내다, 화장하다

• *be made up of* …로 이루어지다
비교 make up for 벌충[만회/보상]하다
　　make up one's mind 결심하다

04 run after

뒤쫓다

비교 run away 도망가다　run across 뛰어 건너다

05 wash[do] the dishes

설거지하다

형용사 중심 표현

06 be filled with

…로 가득 차다

㈜ be full of

전치사 중심 표현 · 부사어

07 a pair of

(같은 것 2개로 된) 한 쌍[켤레]의

• *a pair of shoes/boots/skates/gloves/glasses/chopsticks*

08 again and again

몇 번이고, 되풀이해서

㈜ over and over (again), many times

09 from now on

지금부터 계속

• *from this/that/that day on* 이/그/그날로부터 계속

잘 만났다 구문 표현!

10 not ... at all

전혀 … 아니다

핵심 예문

정답 p.276

동사 중심 표현

1 전화를 끊지 말고 잠시만 기다려주세요.

H_____ a second, please.

2 그 사업은 돈을 벌기 시작하고 있다.

The business is starting to m_____.

3 몇 개의 섬이 이 도시를 구성한다.

Several islands m_____ this city.

그는 사랑에 대한 노래를 만들었다.

He m_____ a song about love.

4 그는 그녀의 이름을 부르면서 그녀를 뒤쫓았다.

He r_____ her, calling her name.

5 아빠는 엄마가 설거지하시는 걸 도와주신다.

My dad helps my mom w_____.

형용사 중심 표현

6 내 마음은 기쁨으로 가득 차 있다.

My heart i_____ joy.

전치사 중심 표현 · 부사어

7 나는 새 장갑 한 켤레가 필요하다.

I need a_____ new gloves.

8 그녀는 몇 번이고 되풀이해서 사진을 보았다.

She saw the picture a_____.

9 지금부터 결코 같은 잘못을 저지르지 않겠다.

F_____, I will never make the same mistake.

잘 만났다 구문 표현!

10 그는 전혀 나를 모른다.

He does n_____ know me a_____.

그건 전혀 중요하지 않다.

It does n_____ matter a_____.

REVIEW TEST

DAY 25

A 다음 표현의 뜻을 우리말로 쓰세요.

1 hold on   6 be filled with

2 make money   7 a pair of

3 make up   8 again and again

4 run after   9 from now on

5 wash[do] the dishes   10 not ... at all

B 다음 빈칸에 알맞은 말을 보기 에서 골라 적절히 고쳐 쓰세요.

> 보기   be filled with   hold on   make money   run after   wash the dishes

1 그녀는 나비를 뒤쫓았다.

   She _____ the butterfly.

2 그는 돈을 벌기 위해 열심히 일했다.

   He worked hard to _____.

3 우리는 저녁식사 후에 설거지를 했다.

   We _____ after dinner.

4 바구니는 과일로 가득 차 있다.

   The basket _____ fruit.

5 끊지 말고 잠시만 기다리렴. 그가 마침 들어왔구나.

   _____ a minute. He just came in.

C 밑줄 친 부분에 유의하여 우리말로 옮기세요.

Eleven players <u>make up</u> a team.

She <u>made up</u> a very good story for children.

D 다음 빈칸에 알맞은 말을 [보기] 에서 골라 쓰세요.

> [보기]   again and again   a pair of   from now on

1 난 구두 한 켤레를 사고 싶어.

I want to buy _____ shoes.

2 그녀는 그 시를 몇 번이고 반복해서 읽었다.

She read the poem _____.

3 지금부터 난 밝은 면을[긍정적으로] 보도록 할 거야.

_____ I'm going to look on the bright side.

E 오늘의 구문 표현을 이용하여 문장을 완성하세요.

그녀는 전혀 피곤하지 않았다.

She was _____ tired _____.

ㅣ사의 힘

up 위로[에]

- **get up** 일어나다
- **stand up** 일어서다
- **go up** 오르다, 올라가다
- **put up** 올리다, 세우다
- **pick up** 집다[줍다], 차에 태우다
- **grow up** 어른이 되다, 성장하다
- **cheer up** 기운을 내다, 격려하다
- **up and down** 위아래로, 이리저리

- **wake up** 깨어나다, 깨우다
- **stay up** 자지 않고 일어나 있다
- **look up** 찾아보다, 올려다보다
- **set up** 세우다, 설립[설치]하다
- **hold up** 들어 올리다, 떠받치다
- **bring up** 기르다, 양육하다
- **dress up** 잘 차려 입다, 정장하다, 분장하다

➕ *The world **is filled with** beauty when your heart **is filled with** love.*
네 가슴이 사랑으로 가득 차 있을 때 세상은 아름다움으로 가득 차 있다.

105

DAY 26

학습일 | 1차: 월 일 | 2차: 월 일

동사 중심 표현

01 call out 큰 소리로 부르다[외치다]

⑥ cry out

02 care about 걱정[염려]하다, …에 마음[신경] 쓰다

⑥ worry about, be worried about
비교 care for 돌보다, 좋아하다, …에 마음 쓰다

03 laugh at 비웃다, 보고[듣고] 웃다

비교 smile at …에게 미소짓다

04 make a plan 계획을 세우다

비교 plan to ⓥ …할 계획이다

05 pass by 지나가다, (시간이) 지나다

⑥ go by
비교 pass away 끝나다, 죽다

형용사 중심 표현

06 be worth ⓥ-ing …할 가치가 있다

전치사 중심 표현 · 부사어

07 a couple of 둘의, 몇몇의

비교 a pair of (같은 것 2개로 된) 한 쌍의

08 a kind of 일종의

비교 all kinds of 모든 종류의

09 at[in] the end of …의 끝에

비교 in the end 결국, 마침내

잘 만났다 구문 표현!

**10 not ... any longer
[more]** 더 이상 … 않다
=no longer[more]

핵심 예문

정답 p.277

동사 중심 표현

1 "지미!" 하고 그의 어머니가 큰 소리로 불렀다.
"Jimmy!" his mother c_____.

2 그녀는 정말로 환경을 염려한다.
She really c_____ the environment.

3 나는 다른 애들이 날 비웃을까 봐 두려워.
I'm afraid the other kids will l_____ me.

우리는 그의 농담을 듣고 웃었다.
We l_____ his joke.

4 나는 내 장래에 대한 계획을 세웠다.
I m_____ for my future.

5 그들은 지나가면서 손을 흔들었다.
They waved as they p_____.

형용사 중심 표현

6 그 영화는 볼 만한 가치가 있다. The film i_____ seeing.

전치사 중심 표현 · 부사어

7 나는 최근에 몇 권의 책을 읽었다.
I read a_____ books recently.

8 유행성 감기는 일종의 바이러스성 질환이다.
Influenza is a_____ virus disease.

9 문장 끝에는 마침표를 찍어라.
Put a period a_____ the sentence.

잘 만났다 구문 표현!

10 넌 더 이상 걱정할 필요가 없을 거야.
You will n_____ have to worry a_____.

넌 더 이상 어린애가 아니야. You are n_____ a child.

REVIEW TEST

DAY 26

A 다음 표현의 뜻을 우리말로 쓰세요.

1 call out

2 care about

3 laugh at

4 make a plan

5 pass by

6 be worth ⓥ-ing

7 a couple of

8 a kind of

9 at[in] the end of

10 not ... any longer[more]

B 다음 빈칸에 알맞은 말을 보기 에서 골라 적절히 고쳐 쓰세요.

> 보기   call out   laugh at   pass by

1 그들은 그를 비웃었다.

They _____ him.

2 선생님이 그의 이름을 큰 소리로 불렀다.

His teacher _____ his name.

3 그녀의 집을 지나갈 때, 그는 노랫소리를 들었다.

When he _____ her house, he heard a song.

C 다음 문장을 우리말로 옮길 때, 빈칸에 알맞은 말을 쓰세요.

1 This book is worth reading.

이 책은 _____.

2 They made a plan for the coming holidays.

그들은 다가오는 휴가 _____.

3 We should care about our own and others' safety.

우리는 자신과 남들의 안전에 대해서 _____.

108

D 다음 빈칸에 알맞은 말을 보기 에서 골라 쓰세요.

> 보기   a couple of   a kind of   at the end of

1 오리는 일종의 새다.

A duck is _____ bird.

2 그는 이달 말에 돌아올 거야.

He will come back _____ this month.

3 두어 달 전에 그의 한쪽 다리가 부러졌다.

_____ months ago, one of his legs was broken.

E 오늘의 구문 표현을 이용하여 문장을 완성하세요.

1 그녀는 더 이상 여기에 살지 않는다.

She _____ lives here.

2 그들은 더 이상 싸우지 않았다.

They did _____ fight _____.

사의 힘

down 아래로 / 내려가

- **sit down** 앉다
- **fall down** 넘어지다, 무너지다, 떨어지다
- **slow down** (속도를) 늦추다
- **calm down** 진정시키다, 진정하다
- **upside down** 거꾸로, (위가 아래로 되게) 뒤집혀
- **up and down** 위아래로, 이리저리
- **cut down** 베어 쓰러뜨리다, 줄이다
- **tumble down** 굴러 떨어지다
- **break down** 고장이 나다

➕ *Anything in life worth having **is worth** working for.*
삶에서 가질 만한 가치가 있는 것은 얻기 위해 일[노력]할 가치가 있다.

109

동사 중심 표현

01 agree with

···에(게) 동의하다, ···와 (의견이) 일치하다, ···에 맞다

(반) disagree with ···와 의견이 맞지 않다, ···와 일치하지 않다
(비교) agree on ···에 대해 의견을 같이 하다
　　　　agree to (제안·조건)에 동의하다
• *agree with*+사람·일　*agree on/to*+일

02 cry out

큰 소리로 외치다

(유) call out

03 do a good job

일을 잘 해내다

04 enjoy oneself

즐겁게 지내다

(유) have a good time, have fun

05 make up one's mind

결심[결정]하다

(유) decide to (v)

형용사 중심 표현

06 be curious about

···을 궁금해하다

전치사 중심 표현·부사어

07 a long time ago

오래전에, 옛날에

(유) long ago, once upon a time

08 all the way

내내[줄곧]

(비교) all the time 항상

09 in the middle of

···의 한가운데[도중]에

(유) in the center of

잘 만났다 구문 표현!

**10 not always
not every
every[all] ... not**

언제나/모든 것이 ···인 것은 아니다(부분 부정)

핵심 예문

동사 중심 표현

1 난 네 의견에 동의해. I a＿＿＿＿＿＿＿ you.

2 그녀는 고통스러워 소리쳤다.
  She c＿＿＿＿＿＿＿ in pain.

3 그는 일을 잘 해내려고 노력했다.
  He tried to d＿＿＿＿＿＿＿.

4 오늘 밤 정말 즐겁게 보냈어.
  I really e＿＿＿＿＿＿＿ tonight.

5 나는 열심히 공부하기로 결심했다.
  I m＿＿＿＿＿＿＿ to study hard.

형용사 중심 표현

6 사람들은 사후의 삶을 궁금해한다.
  People a＿＿＿＿＿＿＿ life after death.

전치사 중심 표현 · 부사어

7 그 일은 오래 전에 일어났다.
  It happened a＿＿＿＿＿＿＿.

8 그녀는 집으로 돌아오는 내내 한마디도 하지 않았다.
  She didn't say a word a＿＿＿＿＿＿＿ back home.

9 그들은 경기 도중에 휴식을 취한다.
  They take a break i＿＿＿＿＿＿＿ the game.

잘 만났다 구문 표현!

10 부자라고 언제나 행복한 것만은 아니다.
  The rich are n＿＿＿＿＿＿＿ happy.

  모든 사람이 다 예의 바른 것은 아니다.
  N＿＿＿＿＿＿＿ man is polite.

  반짝인다고 다 금은 아니다.
  A＿＿＿＿＿＿＿ is n＿＿＿＿＿＿＿ gold that glitters.

111

A 다음 표현의 뜻을 우리말로 쓰세요.

1 agree with

2 cry out

3 do a good job

4 enjoy oneself

5 make up one's mind

6 be curious about

7 a long time ago

8 all the way

9 in the middle of

10 not always

B 다음 문장의 밑줄 친 부분과 의미가 같은 것을 보기 에서 고르세요.

보기   call out   have a good time   decide to

1 She cried out for help.
그녀는 도와달라고 큰 소리로 외쳤다.

2 He made up his mind to become a scientist.
그는 과학자가 되기로 결심했다.

3 Many people enjoyed themselves at the beach.
많은 사람들이 해변에서 즐겁게 지냈다.

C 다음 문장을 우리말로 옮길 때, 빈칸에 알맞은 말을 쓰세요.

1 You did a good job!
_____!

2 I don't agree with you.
_____.

3 She is curious about everything around her.
그녀는 주위의 모든 것을 _____.

D 다음 빈칸에 알맞은 말을 보기 에서 골라 쓰세요.

> 보기 a long time ago   all the way   in the middle of

1 그는 역까지 줄곧 뛰어갔다.

He ran _____ to the station.

2 우리는 탁자 한가운데 양초를 놓았다.

We put candles _____ the table.

3 옛날에 인간이 되고 싶어 하는 곰과 호랑이가 살았다.

_____, there lived a bear and a tiger who wanted to become human.

E 오늘의 구문 표현을 이용하여 문장을 완성하세요.

돈이 언제나 행복을 가져다주는 것은 아니다.

Money does _____ bring the happiness.

사의 힘

out 밖으로[에서] / 완전히
- **go out** 밖으로 나가다, 외출하다
- **get out** 나가[오]다
- **come out** 나오다
- **eat out** 외식하다
- **pull out** 꺼내다, 뽑다
- **hold out** 내밀다
- **take out** 꺼내다, (음식을) 싸 갖고 가다
- **keep out** 안에 들이지 않다, 들어가지 않다
- **send out** 내보내다, 발송하다
- **watch out** 조심[주의]하다
- **look out** 밖을 내다보다, 조심하다
- **cut out** 잘라 내다[만들다]
- **be sold out** 다 팔리다, 매진되다
- **find out** 찾아내다, 알아내다
- **call out** 큰 소리로 부르다
- **cry out** 큰 소리로 외치다
- **give out** 공개[발표]하다, (소리·빛 등을) 내다

➕ *Most people are as happy as they **make up their minds** to be.*
대부분의 사람들은 행복하려고 결심하는 만큼 행복하다.

113

DAY 28

동사 중심 표현

01 have[get] a chance to ⓥ

…할 기회를 갖다

02 plan to ⓥ

…할 계획이다

비교 make a plan 계획을 세우다

03 take it easy

쉬엄쉬엄하다, 진정하다, (작별 인사) 안녕

• 주로 명령문으로 쓰임.
㈜ calm down 진정하다

04 turn around

돌아서다, 돌다[돌리다]

05 work for

…을 위해 일하다, …에 근무하다

형용사 중심 표현

06 be known to ⓝ

…에 알려져 있다

• *be known to* ⓥ …하다고 알려지다
비교 be known as …로 알려지다

전치사 중심 표현 · 부사어

07 in a hurry

서둘러, 급히

비교 hurry up 서두르다

08 in the past

과거에

비교 at present 현재, 지금   in the future 미래에

09 one another

서로

㈜ each other
• *each other*는 둘, *one another*는 셋 이상에 쓰임이 원칙이지만 이 구별은 무시됨.

잘 만났다 구문 표현!

10 사역동사 + 목적어 + ⓥ(원형부정사)

…에게 ~를 시키다[하게 하다]

• 사역동사: *let, have, make*

정답 p.277

1 나는 한마디도 말할 기회가 없었다.

I didn't h_____ say a word.

2 나는 올해 더 열심히 수학을 공부할 계획이다.

I p_____ study math harder this year.

3 쉬엄쉬엄해. 우린 서두를 필요가 없어.

T_____. We don't have to rush.

그때 보자. 안녕. See you then. T_____.

4 그녀는 돌아서서 그를 보았다.

She t_____ and saw him.

5 그는 법률 회사에서 근무한다. He w_____ a law firm.

형용사 중심 표현

6 몇몇 한국 예술가들은 유럽인들에게 잘 알려져 있다.

Some Korean artists a_____ well k_____ European people.

전치사 중심 표현 · 부사어

7 왜 서두르니? Why are you i_____?

8 과거에는 사람들이 쇼핑을 하려면 가게에 가야만 했다.

I_____, people had to go to stores for shopping.

9 그들은 악수를 하면서 서로에게 인사를 하고 있다.

They are shaking hands and greeting o_____.

잘 만났다 구문 표현!

10 그는 그들에게 밤까지 일하도록 시켰다.

He m_____ them w_____ until night.

나는 그가 그녀를 도우러 거기에 가게 했다.

I h_____ him g_____ there to help her.

제 소개를 하겠습니다. L_____ me i_____ myself.

A 다음 표현의 뜻을 우리말로 쓰세요.

1 have[get] a chance to ⓥ

6 be known to ⓝ

2 plan to ⓥ

7 in a hurry

3 take it easy

8 in the past

4 turn around

9 one another

5 work for

10 사역동사+목적어+ⓥ(원형부정사)

B 다음 빈칸에 알맞은 말을 보기 에서 골라 적절히 고쳐 쓰세요.

보기   be known to   have a chance to   plan to   work for

1 그 노래는 모든 사람들에게 알려져 있다. The song _____ everyone.

2 그는 컴퓨터 회사에 근무한다. He _____ a computer company.

3 나는 2주 동안 여기에 머물 계획이다.

I _____ stay here for two weeks.

4 저를 소개할 기회를 갖게 되어 기쁩니다.

I am glad to _____ introduce myself.

C 밑줄 친 부분에 유의하여 우리말로 옮기세요.

The moon turns around the earth.

She turned around and began to cry.

D 다음 문장의 빈칸에 들어갈 말로 알맞은 것을 고르세요.

She had her children _____ their room.
그녀는 아이들에게 방을 청소하게 했다.

① clean   ② cleaned   ③ to clean   ④ cleaning

E 다음 빈칸에 알맞은 말을 보기 에서 골라 쓰세요.

> 보기   in a hurry   in the past   one another

1 그들은 서로 작별 인사를 했다.

They said good-bye to _____.

2 너는 서둘러 집에 가는 게 낫겠다.

You had better go home _____.

3 과거에 사람들은 집을 밝게 하기 위해서 양초를 사용했다.

_____ people used candles to light their home.

F 다음 두 문장의 빈칸에 공통으로 들어갈 수 있는 표현을 쓰세요.

_____. You don't have to hurry up. 쉬엄쉬엄해. 넌 서두를 필요가 없어.

See you next week. _____. 다음 주에 보자. 안녕.

사의 힘

back 뒤로 / 되돌아

- He **came back to** his hometown. 그는 고향으로 돌아왔다.
- I must **go back to** her. 난 그녀에게로 돌아가야 해.
- He promised me to **pay back** my money. 그는 내 돈을 돌려주겠다고 약속했다.
- **Write back to** me. 내게 답장해 줘.
- **Bring back** my book. 내 책 돌려줘.

➕ *People do not **plan to** fail, they just fail to plan.*
사람들은 실패할 일을 계획하는 게 아니라 계획하는 일을 실패할 뿐이다.

117

01 finish ⓥ-ing …하는 것을 끝마치다

02 go to sleep 잠들다

㈜ fall asleep
비교 go to bed 잠자리에 들다

03 have a headache 머리가 아프다

• *have a toothache/stomachache/backache*
이/배/허리가 아프다

04 leave for …을 향해 떠나다[출발하다]

• *leave A for B* A를 떠나 B로 향하다

05 mind ⓥ-ing …하는 것을 꺼리다

형용사 중심 표현

06 be (well) known for …로 (매우) 유명하다

비교 be known as …로 알려지다
be known to ⓝ …에 알려져 있다

전치사 중심 표현 · 부사어

07 after all 결국, 어쨌든

㈜ finally, at last, in the end
비교 above all 무엇보다도, 특히

08 in time 때를 맞춰, 늦지 않게

비교 on time 시간을 어기지 않고, 정각에

09 most of all 무엇보다도

㈜ first of all, above all

잘 만났다 구문 표현!

10 have[get] + 목적어 + 과거분사 …가 ~되게 하다, …를 ~ 당하다

1 그는 집에 페인트칠 하는 것을 끝마쳤다.

He f_____ painting the house.

2 나는 11시에 잠이 들어 6시에 깨어났다.

I w_____ at 11 o'clock and woke up at 6.

3 머리가 아프니? Do you h_____?

4 나는 내일 오후에 샌프란시스코로 떠날 것이다.

I will l_____ San Francisco tomorrow afternoon.

5 라디오 소리 좀 줄여주실래요?

Would you m_____ turning your radio down a little please?

6 그 섬은 아름다운 해변으로 유명하다.

The island i_____ its beautiful beaches.

그 식당은 훌륭한 서비스로 매우 유명하다.

The restaurant i_____ its excellent service.

7 그는 결국 오지 않았다.

He didn't come a_____.

8 그가 때 맞춰 여기에 도착할까?

Will he get here i_____?

9 무엇보다도 그것이 끝나서 슬펐다.

M_____, I felt sad that it was over.

10 그녀는 구두를 수선했다.

She h_____ [g   ] her shoes r_____.

그는 다리가 부러졌다. He h_____ [g   ] his leg b_____.

REVIEW TEST

A 다음 표현의 뜻을 우리말로 쓰세요.

1 finish ⓥ-ing

2 go to sleep

3 have a headache

4 leave for

5 mind ⓥ-ing

6 be (well) known for

7 after all

8 in time

9 most of all

10 have[get]＋목적어＋과거분사

B 다음 ( ) 안의 말을 알맞은 형태로 고쳐 쓰세요.

1 I have finished (write) a report.
나는 보고서 쓰는 것을 끝냈다.

2 Would you mind (close) the door?
문 좀 닫아주시겠어요?

C 다음 빈칸에 알맞은 말을 보기 에서 골라 적절히 고쳐 쓰세요.

> 보기   be well known for   have a headache   go to sleep   leave for

1 그는 머리가 아팠다.
He _____.

2 난 시드니로 떠날 거야.
I am going to _____ Sydney.

3 그 지역은 아름다운 자연으로 매우 유명하다.
The region _____ its beautiful nature.

4 난 무척 피곤하지만 오늘 밤에는 쉽게 잠들지 못할 거야.
I am very tired, but I won't _____ easily tonight.

D 다음 빈칸에 알맞은 말을 [보기]에서 골라 쓰세요.

> [보기]   after all   in time   most of all

1 그녀는 제때 도착할 수 있었다.

She was able to arrive _____.

2 넌 결국 내가 옳았다는 걸 알겠지.

You see I was right _____.

3 무엇보다도 난 전쟁이 없는 세상에서 살고 싶어.

_____, I want to live in a world with no war.

E 다음 빈칸에 들어갈 형태로 알맞은 것을 고르세요.

I'd like to have this gift _____, please. 이 선물 포장 좀 해주세요.

① wrap   ② wrapped   ③ to wrap   ④ wrapping

부사의 힘

away 떨어져

- The thief **went[ran] away**. 도둑이 도망쳤다.
- His father **passed away**. 그의 아버지가 돌아가셨다.
- Don't **throw away** empty bottles. 빈 병을 버리지 마라.
- The sun is **far away from** the earth. 태양은 지구로부터 멀리 떨어져 있다.

➕ *No man can be happy without a friend, nor **be sure of** his friend till he is unhappy.*
아무도 친구 없이는 행복할 수 없고, 불행해지기 전까지는 친구를 믿을 수 없다.

동사 중심 표현

01 bring about 　　　일으키다, 생기게 하다

　　　㈜ cause
　　　비교 bring up 기르다, 양육하다

02 give (…) a big hand 　　　(…에게) 박수갈채를 보내다

　　　비교 give (…) a hand (…을) 도와주다

03 have no idea 　　　전혀 모르다

04 point to ⓝ 　　　가리키다

　　　비교 point out 지적하다

05 turn A (in)to B 　　　A를 B로 바꾸다

　　　• turn into …로 변하다, …이 되다
　　　㈜ change A into B

형용사 중심 표현

06 be made up of 　　　…로 이루어지다[구성되다]

　　　㈜ consist of
　　　비교 be made of …로 만들어지다
　　　• be made of+재료　be made up of+구성 요소

전치사 중심 표현 · 부사어

07 a group of 　　　한 무리의, 한 떼의

　　　비교 in groups 무리를 지어[그룹으로]

08 far from 　　　…로부터 먼[멀리], 결코 …이 아닌

　　　비교 far away 멀리 떨어진

09 in trouble 　　　곤경에 빠진

　　　비교 have trouble 어려움을 겪다

잘 만났다 구문 표현!

10 So[Neither]+ (조)동사 + 주어 　　　…도 또한 그렇다[그렇지 않다]

핵심 예문

정답 p.278

1 우리는 어떻게 태도 변화를 가져올 수 있을까?

How can we b_____ a change in attitudes?

2 우리의 특별 초대 손님이신 이 선생님께 큰 박수를 보냅시다.

Let's g_____ to our special guest Mr. Lee.

3 나는 그가 왜 뱀을 좋아하는지 전혀 모르겠어.

I h_____ why he likes snakes.

4 그가 사과나무를 가리켰다. He p_____ an apple tree.

5 그는 자신의 꿈을 현실로 바꾸었다.

He t_____ his dreams i_____ reality.

형용사 중심 표현

6 위원회는 5명의 위원으로 구성되어 있다.

The committee i_____ five members.

전치사 중심 표현 · 부사어

7 그는 한 무리의 아이들에 의해 둘러싸여 있었다.

He was surrounded by a_____ children.

8 그는 여기서 멀리 떨어져 산다. He lives f_____ here.

9 희망은 곤경에 빠진 우리를 지탱해준다. Hope supports us i_____.

잘 만났다 구문 표현!

10 난 기다리는 게 지겨워. — 나도 그래.

I'm tired of waiting. — S_____.

난 어제 영화 보러 갔어. — 나도 그랬어.

I went to the movies yesterday. — S_____.

난 배고프지 않아. — 나도 안 고파.

I'm not hungry. — N_____.

난 그의 이름을 기억할 수 없어. — 나도 그래.

I can't remember his name. — N_____.

REVIEW TEST

A 다음 표현의 뜻을 우리말로 쓰세요.

1 bring about

2 give (...) a big hand

3 have no idea

4 point to ⓝ

5 turn A (in)to B

6 be made up of

7 a group of

8 far from

9 in trouble

10 So[Neither]+(조)동사+주어

B 다음 빈칸에 알맞은 말을 [보기]에서 골라 적절히 고쳐 쓰세요.

[보기]   a group of   be made up of   have no idea   in trouble   point to

1 미안합니다만, 저는 잘 모르겠습니다.

I'm sorry, but I _____.

2 그는 내가 곤경에 빠져 있을 때 나를 도와주었다.

He helped me when I was _____.

3 나는 한 무리의 아이들이 박물관으로 들어가는 것을 보았다.

I saw _____ children enter the museum.

4 그 만화는 수천 장의 그림들로 이루어져 있다.

The cartoons _____ thousands of pictures.

5 대부분의 사람들은 자신에 대해서 말할 때 자신의 가슴을 가리킨다.

Most people _____ their hearts when they speak about themselves.

C 밑줄 친 부분에 유의하여 우리말로 옮기세요.

His house is far from school.

The problem is far from easy.

D 다음 문장을 우리말로 옮길 때, 빈칸에 알맞은 말을 쓰세요.

1 My friends gave me a big hand.

내 친구들이 _____.

2 The witch turned the prince into a frog.

마녀는 왕자를 _____.

3 The Internet brought about a great change in our lives.

인터넷은 우리 생활에 _____.

E 오늘의 구문 표현을 이용하여 빈칸에 알맞은 말을 쓰세요.

1 난 우리나라가 더 나아지길 바라. — 나도 그래.

I hope our country will be better. — _____.

2 난 그걸 믿을 수 없어. — 나도 믿을 수 없어.

I can't believe it. — _____.

사의 힘

off 떨어져

- **Take off** your coat. 코트를 벗어라.
- The plane **took off**. 비행기가 이륙했다.
- **get off** a bus 버스에서 내리다
- **fall off** a tree 나무에서 떨어지다
- **give off** (냄새·빛을) 내뿜다
- Don't **put off** learning. 배우는 것을 미루지 마라.
- I **saw** him **off**. 나는 그를 배웅했다.
- His finger/The food supply was **cut off**. 그의 손가락이 잘렸다/식량 공급이 끊겼다.
- **Turn off** the radio/tap. 라디오를 꺼라/수도꼭지를 잠가라.

➕ Be a good listener. Your ears will never get you **in trouble**.
잘 들어라. 너의 귀는 결코 널 곤경에 빠뜨리지 않을 것이다.

125

DAY 31

동사 중심 표현

01 get back

돌아오다[가다], 되돌려 받다

㈜ return, come[go] back

02 look into

들여다보다, 조사하다

비교 look for 찾다

03 move to[into]

…로 이사[이동]하다

04 stand in line

줄을 서다

㈜ line up
비교 cut in line 새치기하다

05 turn right/left

우/좌회전을 하다

비교 turn around 회전하다, 뒤돌아보다

형용사 중심 표현

06 be over

끝나다

㈜ end, finish

전치사 중심 표현 · 부사어

07 as a result

결과적으로

08 for sale

팔려고 내놓은, 판매용인

비교 on sale 할인 판매 중인, 판매 중인

09 in many/some ways

여러/몇 가지 면에서

잘 만났다 구문 표현!

10 so 형용사/부사 (that)

너무 ~해서 …하다(결과)

핵심 예문

정답 p.278

동사 중심 표현

1 그가 돌아오면 그에게 말할게. I'll tell him when he g_____.

   너는 책을 돌려받았니?
   Did you g_____ your books b_____?

2 나는 잔돈을 찾느라 지갑을 들여다보았다.
   I l_____ my purse for some change.

   우리는 그 일을 면밀히 조사해야 한다.
   We must closely l_____ the matter.

3 그는 시골로 이사 가기로 결심했다.
   He decided to m_____ the country.

4 줄을 서서 차례를 기다려주세요.
   Please s_____ and wait your turn.

5 길모퉁이에서 우/좌회전하세요. T_____ at the corner.

형용사 중심 표현

6 마지막 수업은 4시에 끝난다. Our last class i_____ at four.

전치사 중심 표현 · 부사어

7 결과적으로 그것은 일상생활에 중요한 부분이 되었다.
   A_____, it became an important part of everyday life.

8 실례합니다만 이것들은 판매용인가요? Excuse me, are these f_____?

9 그것은 여러 가지 면에서 일리가 있다. It makes sense, i_____.

잘 만났다 구문 표현!

10 나는 몹시 배가 고파 걸을 수가 없었다.
   I was s_____ hungry t_____ I could not walk.

   그가 영어를 너무 열심히 공부해서 모두 놀라고 있다.
   He studies English s_____ hard t_____ everybody is surprised.

REVIEW TEST

DAY 31

A 다음 표현의 뜻을 우리말로 쓰세요.

1 get back

2 look into

3 move to[into]

4 stand in line

5 turn right/left

6 be over

7 as a result

8 for sale

9 in many/some ways

10 so 형용사/부사 (that)

B 다음 빈칸에 알맞은 말을 보기 에서 골라 적절히 고쳐 쓰세요.

보기   be over   move to   stand in line   turn left

1 마침내 경기가 끝났다.

At last, the game _____.

2 여기서 좌회전을 해선 안 돼.

You must not _____ here.

3 내 친구 하나가 지난주에 부산으로 이사를 갔다.

A friend of mine _____ Busan last week.

4 나는 표 한 장을 얻기 위해 몇 시간 동안 줄을 서야 했다.

I had to _____ for hours to get a ticket.

C 오늘의 구문 표현을 이용하여 문장을 완성하세요.

그는 너무 행복해서 기쁨의 눈물이 뺨으로 흘러내렸다.

He was _____ happy _____ tears of joy ran down his cheeks.

정답 p.278

D 다음 빈칸에 알맞은 말을 보기 에서 골라 쓰세요.

> 보기   as a result   for sale   in many ways

1 결과적으로 날씨는 더 더워질 거야.

_____, the weather will be hotter.

2 그는 여러 가지 면에서 형과 다르다.

He is different from his brother _____.

3 이 그림은 전시용인가요, 판매용인가요?

Is this painting on display or is it _____?

E 밑줄 친 부분에 유의하여 우리말로 옮기세요.

1 She will soon get back from Paris.

He got back his book from her.

2 She looked into the mirror.

The police looked into the cause of the accident.

사의 힘

far 멀리 / 먼

- Stars are very **far away**. 별들은 매우 멀리 떨어져 있다.
- The airport is not **far from** my house. 공항은 우리 집에서 멀지 않다.
- It is **far from** the truth. 그것은 전혀 사실이 아니다.
- We walked **as far as** the river. 우리는 강까지 걸었다.

⊕ *Life is an echo. What you send out — you **get back**.*
인생은 메아리다. 보낸 걸 되돌려 받으니까.

DAY 32

동사 중심 표현

01 fall down 넘어지다, 무너지다, 떨어지다

비교 fall off 떨어지다

02 fall in love (with) (…와) 사랑에 빠지다

03 sound like …처럼 들리다, …인 것 같다

비교 seem, appear, look like …처럼 보이다, …인 것 같다

04 take[make] a trip (to ⓝ) (…을) 여행하다

05 watch out (for) (…을) 조심[주의]하다

㈜ be careful, look out

형용사 중심 표현

06 be made from …로 만들어지다

• 재료의 질이 변하는 경우
비교 be made of (재료의 질이 변하지 않는 경우)
비교 be made up of …로 이루어지다[구성되다]

전치사 중심 표현 · 부사어

07 as you know 너[여러분]도 알다시피

08 here and there 여기저기(에)

비교 up and down 위아래로, 이리저리

09 on foot 걸어서

비교 by bus/car/subway 버스/차/지하철을 타고

잘 만났다 구문 표현!

10 so that …하기 위하여, …하도록(목적)

130

핵심 예문

1 그는 계단에서 떨어졌다.

He f_____ the stairs.

2 그는 적의 딸과 사랑에 빠졌다.

He f_____ his enemy's daughter.

3 네 목소리가 전화상으로 다른 사람 목소리처럼 들려.

You s_____ a different person on the phone.

4 그들은 뉴욕으로 여행을 했다.

They t_____ New York.

5 그녀는 "조심해!" 하고 외쳤다.

She shouted, "W_____!"

6 빵은 밀로 만들어진다.

Bread i_____ wheat.

전치사 중심 표현 · 부사어

7 여러분도 알다시피 한국은 선진국 중 하나입니다.

A_____, Korea is one of the developed countries.

8 그녀는 그들을 여기저기 안내했다.

She guided them h_____.

9 너는 자전거로 갈 거니, 걸어서 갈 거니?

Are you going by bicycle or o_____?

잘 만났다 구문 표현!

10 나는 대학에 가기 위해서 열심히 공부한다.

I study hard s_____ I can go to college.

우리는 무언가를 배우기 위해 학교에 다닌다.

We go to school s_____ we may learn things.

131

REVIEW TEST

DAY 32

A 다음 표현의 뜻을 우리말로 쓰세요.

1 fall down   6 be made from

2 fall in love (with)   7 as you know

3 sound like   8 here and there

4 take[make] a trip (to ⓝ)   9 on foot

5 watch out (for)   10 so that

B 다음 빈칸에 알맞은 전치사를 넣어 문장을 완성하세요.

Notebooks are made _____ paper and paper is made _____ trees. 공책은 종이로 만들어지고 종이는 나무로 만들어진다.

C 다음 빈칸에 알맞은 말을 보기 에서 골라 적절히 고쳐 쓰세요.

> 보기   fall down   fall in love with   sound like
>   take a trip to   watch out for

1 그것은 좋은 생각인 것 같다.

That _____ a good idea.

2 그는 걸으려고 노력했지만 계속 넘어졌다.

He tried to walk but kept _____.

3 언젠가 나는 아프리카를 여행하고 싶다.

Someday I'd like to _____ Africa.

4 길을 건널 때 차를 조심해.

_____ cars when you cross the road.

5 그는 그녀를 보자마자 그녀와 사랑에 빠졌다.

As soon as he saw her, he _____ her.

D 다음 빈칸에 알맞은 말을 보기 에서 골라 쓰세요.

> 보기　　as you know　　here and there　　on foot

1 걸어서 약 15분 걸린다.

It takes about fifteen minutes _____.

2 쓰레기가 강 여기저기에 있었다.

There was garbage _____ on the river.

3 너도 알다시피 컴퓨터가 우리의 생활을 많이 변화시켰다.

_____, the computer has changed our lives a lot.

E 오늘의 구문 표현을 이용하여 문장을 완성하세요.

좋은 자리를 얻으려면 일찍 오너라.

Come early _____ you may get a good seat.

사의 힘

together 함께
- We **get together** every Sunday. 우리는 일요일마다 모인다.
- He **put** the parts **together**. 그는 부품들을 조립했다.

apart 떨어져서　　• He **took** the computer **apart**. 그는 컴퓨터를 분해했다.

ago 전에　　• a long time **ago** 오래 전에, 옛날에

ahead 앞에[으로]　　• **ahead of** …보다 앞에[앞서서]

abroad 해외에[로]　　• go **abroad** 해외[외국]에 가다

forward 앞으로　　• look **forward** to ⓥ-ing[ⓝ] …하기를 고대하다

straight 곧게　　• go **straight** 곧장 가다

➕ *If you really want to master English, **fall in love with** it.*
진짜 영어를 정복하고 싶으면 영어와 사랑에 빠져라.

133

 **DAY 33**

동사 중심 표현

01 get married (to 사람)
(…와) 결혼하다

㉨ marry + 사람

02 go on a picnic/ trip
소풍/여행을 가다

비교 go on a hike 하이킹을 가다

03 look out
밖을 내다보다, 조심하다

비교 watch out 조심[주의]하다

04 put off (ⓥ-ing)
미루다, 연기하다

㉨ delay, postpone

05 get some rest
좀 쉬다[휴식을 취하다]

비교 take[have] a break 잠깐 쉬다[휴식을 취하다]

형용사 중심 표현

06 be popular with
…에게 인기가 좋다

전치사 중심 표현 · 부사어

07 above all
무엇보다도, 특히

㉨ first of all, most of all
비교 after all 결국

08 for a moment
잠시 동안

㉨ for a while

09 once upon a time
옛날에

㉨ once, long ago, a long time ago

잘 만났다 구문 표현!

10 as 형용사/부사 as possible[one can]
가능한 한 …한/하게

핵심 예문

동사 중심 표현

1 그녀는 내년에 그와 결혼할 것이다.
She will g_____ him next year.

2 내일 가족들과 소풍을 갈 거다.
I will g_____ with my family tomorrow.

3 네 책상에서 창밖을 볼 수 있다.
You can l_____ the window from your desk.

조심해! 차가 오고 있어.
L_____! There's a car coming.

4 그는 의사에게 가는 걸 미루었다.
He p_____ going to the doctor.

5 잠시 휴식을 취하자. Let's g_____ for a while.

형용사 중심 표현

6 그 선생님은 학생들에게 인기가 좋다.
The teacher i_____ students.

전치사 중심 표현 · 부사어

7 무엇보다도 그는 건강을 가장 중요하게 여긴다.
A_____, he considers health the most important thing.

8 그는 잠시 동안 조용했다. He was quiet f_____.

9 옛날에, 이야기하는 걸 좋아하는 왕이 살았다.
O_____, there lived a king who liked to talk.

잘 만났다 구문 표현!

10 그는 가능한 한 크게 소리쳤다.
He shouted a_____ loud a_____.

그들은 가능한 한 많은 선행을 하고 싶어 한다.
They want to do a_____ many good things a_____.

135

REVIEW TEST

A 다음 표현의 뜻을 우리말로 쓰세요.

1 get married (to 사람)

2 go on a picnic/trip

3 look out

4 put off (ⓥ-ing)

5 get some rest

6 be popular with

7 above all

8 for a moment

9 once upon a time

10 as 형용사/부사 as possible[one can]

B 다음 문장의 밑줄 친 부분과 의미가 같은 것을 보기 에서 고르세요.

> 보기　a long time ago　　for a while　　most of all

1 Can I talk to you for a moment?
  잠시 동안 너와 이야기해도 될까?

2 Above all, make a plan and use your time well.
  무엇보다도 계획을 세워서 시간을 잘 이용해라.

3 Once upon a time, a woodcutter lived with his old mother.
  옛날에, 한 나무꾼이 늙은 어머니와 살고 있었다.

C 오늘의 구문 표현을 이용하여 문장을 완성하세요.

1 가능한 한 자주 네게 편지할게.
  I will write to you ＿＿＿＿＿＿＿ often ＿＿＿＿＿＿＿.

2 그들은 가능한 한 재빨리 도망쳤다.
  They ran away ＿＿＿＿＿＿＿ fast ＿＿＿＿＿＿＿.

D 다음 빈칸에 알맞은 말을 보기 에서 골라 적절히 고쳐 쓰세요.

> 보기　be popular with　　get married　　get some rest
>
> 　　　go on a picnic　　put off

1 그는 숙제하는 것을 미루었다. He _____ doing his homework.

2 우리는 늘 걸어서 소풍을 간다. We always _____ on foot.

3 그들은 작은 교회에서 결혼했다. They _____ on the little church.

4 그 영화배우는 십 대들에게 인기가 있다.

The movie star _____ teenagers.

5 그녀는 점심식사 후에 휴식을 취하고 싶어 한다.

She wants to _____ after lunch.

E 밑줄 친 부분에 유의하여 우리말로 옮기세요.

He looked out the window.

I have warned you, so look out.

이럴 땐 이렇게!

안부 묻고 답하기

- How are you?=How are you doing?=**How's it going?** 어떻게 지내니?
- How have you been? 어떻게 지냈니?
- **Long time, no see.**=I haven't seen you in[for] ages. 오래간만이구나.
- Fine[Pretty good, Very well], thanks. 잘 지내.
- And you?=**How about you?** 넌 어때?
- Not bad, thanks. 그럭저럭 지내, 고마워.

➕ *Don't **put off** till tomorrow what you do today.* 오늘 할 일을 내일로 미루지 마라.

동사 중심 표현

01 eat out　　　　外식하다

비교 go out 외출하다

02 participate in　　…에 참여[참가]하다

유 attend, take part in

03 line up　　　　줄을 서다

유 stand in line

04 look after　　　돌보다

유 take care of, care for
비교 look at 보다　look for 찾다

**05 take a shower/
bath**　　　　　　샤워/목욕하다

비교 take a rest 쉬다　take a walk 산책하다

형용사 중심 표현

06 be sold out　　　다 팔리다, 매진되다

전치사 중심 표현 · 부사어

**07 (just) around the
corner**　　　길모퉁이를 돌아선 곳에, 바로 가까이에, 바로 다가와 있는

유 at hand, very near, very soon 바로 가까이에, 바로 다가와 있는

08 before long　　　머지않아, 곧

유 soon

09 for sure　　　　틀림없이, 확실히

유 surely, certainly

잘 만났다 구문 표현!

**10 as 형용사/부사 as ...
not as[so] 형용사/
부사 as ...**　　…만큼 ~한
　　　　　　　…만큼 ~하지 않은

핵심 예문

정답 p.279

동사 중심 표현

1 그녀는 외식하기를 원한다. She wants to e_____.

2 그는 토론에 참여했다.
He p_____ the discussion.

3 줄을 서서 차례를 기다리세요.
Please l_____ and wait your turn.

4 그녀는 아들을 돌봐줄 사람이 필요하다.
She needs someone to l_____ her son.

5 나는 외출하기 전에 샤워를 한다. I t_____ before I go out.

형용사 중심 표현

6 내게 맞는 치수의 셔츠가 다 팔렸다.
All the shirts in my size w_____.

전치사 중심 표현 · 부사어

7 그 가게는 바로 길모퉁이 돌아선 곳에 있다.
The store is j_____.

설날이 바로 다가왔다.
New Year's Day is j_____.

8 머지않아 어두워질 것이다.
It will be dark b_____.

9 한 가지는 확실하다.
One thing is f_____.

잘 만났다 구문 표현!

10 야구는 축구만큼 인기가 있다.
Baseball is a_____ popular a_____ soccer.

기차는 제트기만큼 빠르지 않다.
A train is n_____ fast a_____ a jet plane.

REVIEW TEST

A 다음 표현의 뜻을 우리말로 쓰세요.

1 eat out

2 participate in

3 line up

4 look after

5 take a shower/bath

6 be sold out

7 (just) around the corner

8 before long

9 for sure

10 (not) as 형용사/부사 as

B 다음 빈칸에 알맞은 말을 보기 에서 골라 적절히 고쳐 쓰세요.

보기   be sold out   before long   eat out   for sure   take a shower

1 아무도 확실히 알지 못한다.

No one knows _____.

2 오늘 밤에 외식하는 거 어때?

How about _____ tonight?

3 머지않아 그것은 사실임이 판명될 거야.

It will prove true _____.

4 그녀는 목욕 대신에 샤워를 했다.

She _____ instead of a bath.

5 정오 전에 모든 것이 다 팔렸다.

Before noon, everything _____.

C 밑줄 친 부분에 유의하여 우리말로 옮기세요.

The hospital is just around the corner.

Spring is just around the corner.

D 다음 문장의 밑줄 친 부분과 의미가 같은 것을 보기 에서 고르세요.

> 보기 stand in line   take care of   take part in

1 She <u>looked after</u> her brother.
그녀는 남동생을 돌보았다.

2 Why don't you <u>participate in</u> the contest?
그 대회에 참가하지 않을래?

3 He <u>lined up</u> behind the others to wait his turn.
그는 자신의 차례를 기다리기 위해서 다른 사람들 뒤에 줄을 섰다.

E 오늘의 구문 표현을 이용하여 문장을 완성하세요.

1 그녀는 어머니만큼 키가 크다.

She is _____ tall _____ her mother.

2 이 문제는 그 문제만큼 어렵지 않다.

This problem is _____ difficult _____ that one.

**럴 땐
렁게!**

작별 인사하기
- Good-bye. **So long**. 잘 가. 안녕.
- **Take care**. 잘 지내. 조심해.
- **Take it easy**. 편히 지내.
- See you later/again/then. 나중에/다시/그때 봐.
- (Let's) **keep in touch**. 계속 연락하자.
- Sorry, but I have to go now. 미안하지만 지금 가야 해.
- I am afraid I must say good-bye now. 미안하지만 지금 작별 인사를 해야겠구나.

➕ *Only one life, it will be past **before long**.* 한 번뿐인 삶이고 그것도 곧 지나간다.

141

동사 중심 표현

01 advise A to ⓥ　　A에게 …하라고 조언하다

02 do ... a favor　　…의 부탁을 들어주다, …에게 호의를 베풀다

비교 ask ... a favor …에게 부탁하다

03 fill A with B　　A를 B로 채우다

• be filled with …로 가득 차다

04 keep (...) in mind　　…을 명심[유념]하다

비교 have ... in mind …을 염두에 두다

05 take place　　(사건 등이) 일어나다, (행사 등이) 열리다

유 happen 일어나다　be held 열리다

형용사 중심 표현

06 be[get] angry with[at, about]　　…에게[에 대해] 화를 내다

전치사 중심 표현 · 부사어

07 at a time　　한 번에

비교 at one time 예전에[한때], 한 번에

08 on the phone　　전화상으로, 통화 중인

• be on the phone 전화를 하고 있다

09 sooner or later　　조만간

유 after a while

잘 만났다 구문 표현!

10 배수사 + as 형용사/ 부사 as ... =배수사 + 비교급 + than ...　　…의 몇 배 더 ~한

142

핵심 예문

1 그는 내게 신중하게 생각하라고 조언했다.

He a_____ me t_____ think carefully.

2 제 부탁 좀 들어주실 수 있으세요?

Could you d_____ me a_____?

3 나는 양동이를 물로 채웠다.

I f_____ the bucket w_____ water.

4 내가 말한 것을 명심해라.

K_____ what I said.

5 음악회는 다음 목요일에 열린다.

The concert will t_____ next Thursday.

6 내게 화내지 마.

Don't b_____ me.

전치사 중심 표현 · 부사어

7 한 번에 너무 많은 음식을 입에 넣지 마라.

Don't put too much food in your mouth a_____.

8 우리는 전화상으로 거의 1시간 동안 이야기를 나눴다.

We talked o_____ for nearly an hour.

9 그는 조만간 돌아올 거다.

He will come back s_____.

잘 만났다 구문 표현!

10 이 방은 저 방보다 3배나 크다.

This room is t_____ large a_____ that one.

= This room is t_____ larger t_____ that one.

REVIEW TEST

A 다음 표현의 뜻을 우리말로 쓰세요.

1 advise A to ⓥ

2 do ... a favor

3 fill A with B

4 keep (...) in mind

5 take place

6 be[get] angry with[at, about]

7 at a time

8 on the phone

9 sooner or later

10 배수사+as 형용사/부사 as

B 다음 빈칸에 알맞은 말을 [보기]에서 골라 적절히 고쳐 쓰세요.

[보기] advise A to ⓥ   do ... a favor   fill A with B   keep ... in mind

1 제 부탁 좀 들어주실래요?

Would you _____ me _____?

2 난 네 조언을 명심할 거야.

I'll _____ your advice _____.

3 그녀는 항아리를 물로 가득 채웠다.

She _____ the pot _____ water.

4 의사는 그에게 규칙적으로 운동하라고 조언했다.

The doctor _____ him _____ exercise regularly.

C 밑줄 친 부분에 유의하여 우리말로 옮기세요.

A terrible accident took place last night.

The Olympic Games take place every four years.

D 다음 문장을 우리말로 옮기세요.

Don't get angry at others for your own mistakes.

E 다음 빈칸에 알맞은 말을 **보기** 에서 골라 쓰세요.

> **보기** at a time on the phone sooner or later

1 나는 전화로 그녀와 이야기했다.

I talked to her _____.

2 한 번에 한 가지 일을 하자.

Let's do one thing _____.

3 넌 조만간 그걸 알게 될 거야.

You'll get to know it _____.

F 오늘의 구문 표현을 이용하여 문장을 완성하세요.

그는 나보다 두 배나 많이 먹었다.

He ate _____ much _____ I did.

= He ate _____ more _____ I did.

이럴 땐 이렇게!

소개하기

- Let me introduce myself. 저를 소개할게요.
- My name is Tom. **I'm from** America. 난 탐이야. 난 미국인이야.
- I'd like to **introduce** my friend **to** you. 제 친구를 소개해 드릴게요.
- **Why don't you** meet my brother? 내 남동생 만나 보는 거 어때?
- Tom, **this is** Yu-mi. Yu-mi, **this is** Tom. 탐, 이 애는 유미야. 유미야, 이 애는 탐이야.
- I am glad[nice, good] to meet you. 만나서 반가워.
- **How do you do?** 처음 뵙겠습니다.

➕ *If you count sheep two **at a time** you'll fall asleep twice as fast.*
한 번에 두 마리씩 양을 세면 두 배로 빨리 잠들 것이다.

145

DAY 36

동사 중심 표현

01 reach for
…로 손을 뻗다

02 get off
(탈것에서) 내리다

반 get on[in] 타다

03 give out
공개[발표]하다, (소리·빛 등을) 내다, 나눠주다

04 have trouble [difficulty]
어려움을 겪다

• *have trouble[difficulty] with* …에 어려움을 겪다
• *have trouble[difficulty] (in)* ⓥ*-ing* …하는 데 어려움을 겪다
비교 in trouble 곤경에 빠진

05 stand for
나타내다[의미하다], 지지하다

유 represent, symbolize

형용사 중심 표현

06 be similar to ⓝ
…와 비슷하다

반 be different from …와 다르다

전치사 중심 표현·부사어

07 after a while
잠시 후에, 곧

유 in a (little) while
비교 for a while 잠시 동안

08 less than
…보다 적은[… 미만]

반 more than …보다 많은[… 이상]

09 so far
지금까지, 여기까지

비교 from now on 지금부터

잘 만났다 구문 표현!

10 (much, a lot, even, far, still +) 비교급 + than
…보다 (훨씬) 더 ~한

• *much*, *a lot*, *even*, *far*, *still*은 비교급 앞에서 비교급을 강조한다.

핵심 예문

정답 p.279

동사 중심 표현

1 나는 펜으로 손을 뻗었다.
   I r_____ my pen.

2 승객들이 버스에서 내리고 있다.
   The passengers are g_____ the bus.

3 그들은 뉴스에서 우승자의 이름을 발표했다.
   They g_____ the winner's name o_____ on the news.

   가스등이 노르스름한 빛을 내고 있다.
   A gas lamp g_____ a yellowish light.

4 그는 일자리를 찾는 데 어려움을 겪었다.
   He h_____ finding work.

5 ATM은 무엇을 나타내는 말이니?
   What does ATM s_____?

형용사 중심 표현

6 그녀의 생각은 내 생각과 비슷하다. Her ideas a_____ mine.

전치사 중심 표현 · 부사어

7 잠시 후에 그가 깨어났다. A_____, he woke up.

8 그들은 한 시간도 안 되어서 돌아왔다.
   They returned in l_____ an hour.

9 지금까지 모든 일이 계획한 대로 진행 중이다.
   S_____, everything is going as planned.

잘 만났다 구문 표현!

10 태양은 지구보다 더 크다. The sun is b_____ the earth.

   이메일은 항공우편보다 훨씬 더 빠르다.
   E-mail is m_____ [a_____, e_____, f_____, s_____] faster than airmail.

147

A 다음 표현의 뜻을 우리말로 쓰세요.

1 reach for

2 get off

3 give out

4 have trouble[difficulty]

5 stand for

6 be similar to ⓝ

7 after a while

8 less than

9 so far

10 (much, a lot +) 비교급+than

B 다음 빈칸에 알맞은 말을 보기 에서 골라 적절히 고쳐 쓰세요.

보기 be similar to   get off   have trouble   reach for   stand for

1 그는 다음 정거장에서 내렸다.

He _____ at the next stop.

2 그녀의 시계는 내 것과 비슷하다.

Her watch _____ mine.

3 그는 돌아서서 전화기로 손을 뻗었다.

He turned round and _____ his phone.

4 유엔기에 있는 올리브 가지는 평화를 나타낸다.

The olive branch on the UN flag _____ peace.

5 내 미국인 친구는 젓가락으로 먹는 데 어려움을 겪고 있다.

My American friend _____ eating with chopsticks.

C 밑줄 친 부분에 유의하여 우리말로 옮기세요.

The machine gives out a loud noise.

Be careful when you give out your personal information on the Internet.

D 다음 빈칸에 알맞은 말을 보기 에서 골라 쓰세요.

> **보기**   after a while   less than   so far

1 우리는 지금까지 어떤 어려움도 없었다.

We have not had any trouble _____.

2 잠시 후에 그녀가 가게에서 돌아왔다.

_____, she got back from the store.

3 피자는 20분도 안 되어서 배달되었다.

The pizza was delivered in _____ 20 minutes.

E 오늘의 구문 표현을 이용하여 문장을 완성하세요.

건강이 부보다 훨씬 더 중요하다.

Health is _____ wealth.

쉬어갈 땐 이렇게!

감사하기

- Thank you very much. Thanks a lot. 정말 고마워요.
- **Thank** you **for** your present. 선물 감사해요.
- **It is kind of you to** say so. 그렇게 말씀해 주셔서 고마워요.
- I **appreciate** your help. 도와주셔서 감사합니다.
- I **don't know how to thank you.** 어떻게 감사드려야 할지 모르겠습니다.
- **You're welcome. Not at all. Don't mention it.**
  (It's) **My pleasure. No problem.** 천만에요.

➕ *A man who **stands for** nothing will fall for anything.*
아무것도 지지하지 않는 사람은 무엇에든 속아 넘어갈 것이다.

동사 중심 표현

01 come along 함께 가다[오다]

02 get better 더 좋아지다, (병 등이) 회복되다
반 get worse 더 나빠지다, 악화되다

03 go around … 둘레를 돌다
유 turn around

04 keep in touch (with) (…와) 연락하고 지내다
비교 get in touch (with) (…와) 연락하다

05 warm up 준비 운동을 하다, 따뜻하게 하다

형용사 중심 표현

06 be satisfied with …에 만족하다

전치사 중심 표현 · 부사어

07 a little bit 조금

08 the same as …와 같은

09 rather than …보다는[… 대신에]
유 instead of

잘 만났다 구문 표현!

**10 The 비교급 ~,
the 비교급 …** ~하면 할수록 더 …하다

핵심 예문

정답 p.280

1 나와 함께 가지 않을래?

Why don't you c_____ with me?

2 그녀는 조금씩 회복되고 있다.

She is g_____, little by little.

날씨가 더 좋아지고 있다. The weather is g_____.

3 지구는 태양 주위를 돈다.

The earth g_____ the sun.

4 그는 우리와 연락하고 지내겠다고 약속했다.

He promised to k_____ us.

5 운동하기 전에 준비 운동을 해야 한다.

You must w_____ before taking exercise.

나는 음식을 따뜻하게 데웠다. I w_____ some food.

형용사 중심 표현

6 그는 시험 결과에 만족했다. He w_____ the test results.

전치사 중심 표현 · 부사어

7 나는 조금 실망했다.

I was a_____ disappointed.

8 그녀의 답은 내 것과 같다.

Her answer is t_____ mine.

9 나는 슬프기보다는 기뻤다.

I was happy r_____ sad.

잘 만났다 구문 표현!

10 가격이 낮으면 낮을수록 사람들은 더 많이 사고, 가격이 높으면 높을수록 덜 산다.

T_____ prices are, t_____ people buy;

t_____ prices are, t_____ they buy.

REVIEW TEST

A 다음 표현의 뜻을 우리말로 쓰세요.

1 come along

2 get better

3 go around

4 keep in touch (with)

5 warm up

6 be satisfied with

7 a little bit

8 the same as

9 rather than

10 The 비교급 ~, the 비교급 ...

B 다음 빈칸에 알맞은 말을 보기 에서 골라 적절히 고쳐 쓰세요.

> 보기   be satisfied with   come along   get better
>
> go around   keep in touch with

1 그녀는 내 대답에 만족해했다.

She _____ my answer.

2 그들은 서로 연락하고 지낸다.

They _____ each other.

3 나는 네가 곧 회복되길 바란다.

I hope you will _____ soon.

4 우리와 함께 가고 싶니?

Do you want to _____ with us?

5 달은 약 28일에 한 번 지구 둘레를 돈다.

The moon _____ the earth, once in about 28 days.

C 밑줄 친 부분에 유의하여 우리말로 옮기세요.

She warmed up the milk.

The athlete warmed up before the race.

D 다음 빈칸에 알맞은 말을 【보기】에서 골라 쓰세요.

> 【보기】　　a little bit　　rather than　　the same as

1 값을 조금 깎아줄래요?

Can you cut the price ＿＿＿＿＿＿＿＿?

2 혼자보다는 그룹으로 공부해라.

Study in groups ＿＿＿＿＿＿＿＿ alone.

3 중학교는 초등학교와 같지 않다.

Middle school is not＿＿＿＿＿＿＿ elementary school.

E 오늘의 구문 표현을 이용하여 문장을 완성하세요.

그를 알면 알수록 더욱 좋아진다.

＿＿＿＿＿＿＿＿ I know him, ＿＿＿＿＿＿＿＿ I like him.

이럴 땐 이렇게!

사과하기

- I'm (terribly) sorry. **Excuse me. I beg your pardon.** (정말) 죄송해요.
- I'm sorry, but **I couldn't help it.** 미안하지만, 어쩔 수 없었어요.
- It's all my fault. 모두 제 잘못입니다.
- Please, forgive me. 제발 용서해 주세요.
- That's all right. **No problem. Never mind.**
  It doesn't matter at all. Don't worry. (사과에 대한 응답으로) 괜찮아요.

➕ *Try your best **rather than** be the best.* 최고가 되기보다는 최선을 다해라.

DAY 38

학습일 | 1차: 월 일 | 2차: 월 일

동사 중심 표현

01 fill in
채우다[메우다]

02 get[be] lost
길을 잃다
㈜ lose oneself

03 expect A to ⓥ
A가 …하기를 기대[요구]하다[바라다]
비교 expect to ⓥ …하기를 기대[예상]하다

04 send out
내보내다, 발송하다

05 have an effect on
…에 영향을 미치다
㈜ affect, influence

형용사 중심 표현

06 be surprised at
…에 놀라다

전치사 중심 표현 · 부사어

07 a cup/glass of
한 컵/잔의
• *a cup of* 뜨거운 음료(*coffee, tea*)
  a glass of 차가운 음료(*water, milk, juice*)

08 according to ⓝ
…에 따르면, …에 따라서

09 for some time
한동안

잘 만났다 구문 표현!

10 비교급 and 비교급
점점 더 …한

154

핵심 예문

정답 p.280

동사 중심 표현

1 빈칸을 채우세요.

Please f＿＿＿＿＿＿＿ the blanks.

2 나는 이곳에 오는 도중에 길을 잃었어.

I g＿＿＿＿＿＿＿ on the way here.

3 나는 네가 그렇게 잘하리라 기대하지 않았어.

I didn't e＿＿＿＿＿＿＿ you t＿＿＿＿＿＿＿ do that well.

4 많은 차들과 공장들이 이산화탄소를 대기 속으로 내보낸다.

Many cars and factories s＿＿＿＿＿＿＿ CO_2 into the air.

5 날씨는 우리의 기분에 영향을 미친다.

Weather h＿＿＿＿＿＿＿ our moods.

형용사 중심 표현

6 우리는 그 결과에 놀랐다.

We w＿＿＿＿＿＿＿ the result.

전치사 중심 표현 · 부사어

7 가서 커피 한잔 마시자.

Let's go and have a＿＿＿＿＿＿＿ coffee.

8 일기 예보에 따르면, 내일 날씨가 좋을 것이다.

A＿＿＿＿＿＿＿ the weather forecast, it will be fine tomorrow.

9 나는 한동안 그곳에 머물렀다.

I stayed there f＿＿＿＿＿＿＿.

잘 만났다 구문 표현!

10 날이 점점 더 어두워졌다.

It got d＿＿＿＿＿＿＿.

대기 오염이 점점 더 심해지고 있다.

The air pollution is getting w＿＿＿＿＿＿＿.

REVIEW TEST

A 다음 표현의 뜻을 우리말로 쓰세요.

1 fill in
2 get[be] lost
3 expect A to ⓥ
4 send out
5 have an effect on

6 be surprised at
7 a cup/glass of
8 according to ⓝ
9 for some time
10 비교급 and 비교급

B 다음 우리말과 일치하도록 빈칸에 알맞은 말을 쓰세요.

1 나는 커피 한 잔을 주문했다. I ordered _____ coffee.

2 나는 아침에 우유 한 컵을 마신다. I drink _____ milk in the morning.

C 다음 빈칸에 알맞은 말을 보기 에서 골라 적절히 고쳐 쓰세요.

> 보기   be surprised at   fill in   get lost   send out

1 난 그 소식에 놀랐다. I _____ the news.

2 그녀는 크리스마스카드를 발송했다.
   She _____ her Christmas cards.

3 이 글에서 빠진 단어들을 채우세요.
   _____ the missing words in this text.

4 우리가 길을 잃으면 경찰이 우리에게 길을 가르쳐줄 것이다.
   The policeman will show us the way if we _____.

D 오늘의 구문 표현을 이용하여 문장을 완성하세요.

지구의 기온이 점점 더 높아진다.

The temperature of the earth goes _____.

E 다음 문장을 우리말로 옮길 때 빈칸에 알맞은 말을 쓰세요.

1 I expect you to understand me.

나는 _____.

2 Digital technology has had a big effect on our lives.

디지털 과학기술은 _____.

3 He had to stand in line for some time to pay his taxes.

그는 세금을 내기 위해 _____.

F 밑줄 친 부분에 유의하여 우리말로 옮기세요.

According to the newspaper, there was a big fire last night.

They will be paid according to the amount of work they do.

제안 · 권유하기

- **Let's** go on a picnic. 소풍 가자.
- **Shall** we dance? 춤출까?
- **How[What] about going** to the movies? 영화 보러 가는 거 어때?
- **Why don't you** ask him? 그에게 물어보는 게 어때?
- **If I were you**, I would try not to quarrel. 내가 너라면 싸우지 않으려고 노력할 텐데.
- **Why not** try reading this book? 이 책 한번 읽어보지 그래?
- **You'd[You had] better** go home and rest. 집에 가서 쉬는 게 낫겠다.
- **Sounds great[good]**. That's a good[great] idea. **Why not?** 좋아.
- **I'm afraid not**. 안 되겠는데.
- **No, thank you**. 고맙지만 사양하겠어.

➕ Cut your coat **according to** your cloth. 천에 따라서 코트를 잘라라.(분수에 맞게 살아라.)

157

DAY 39

학습일 | 1차: 월 일 | 2차: 월 일

동사 중심 표현

01 hang out (with)

(…와) 많은 시간을 보내다

02 prevent A from ⓥ-ing

A가 …하는 것을 막다

⟨유⟩ keep[stop] A from ⓥ-ing

03 get out of

…에서 나오[가]다, …에서 내리다

⟨유⟩ come[go] out of …에서 나오[가]다
  get off …에서 내리다
⟨반⟩ get into …에 들어가다, …에 타다

04 go for a walk/ drive/jog

산책/드라이브/조깅하러 가다

05 give a speech

연설을 하다

⟨유⟩ deliver a speech

형용사 중심 표현

06 be busy with

…로 바쁘다

⟨비교⟩ be busy (in) ⓥ-ing …하느라 바쁘다

전치사 중심 표현 · 부사어

07 a great deal of

(양이) 많은, 다량의

⟨유⟩ much, a lot of, plenty of, a large amount of

08 ahead of

…보다 앞에[앞서서]

⟨비교⟩ in front of …의 앞에

09 from time to time

때때로, 가끔

⟨비교⟩ sometimes, at times

잘 만났다 구문 표현!

10 비교급 + than any other + 단수명사 =부정 주어 + 비교급 + than=the 최상급

가장 …한

핵심 예문

정답 p.280

동사 중심 표현

1 나는 친구들과 많은 시간을 보내는 걸 좋아한다.
   I like to h_____ with my friends.

2 그는 내가 떨어지는 것을 막기 위해 내 팔을 잡았다.
   He grabbed my arm to p_____ me f_____ falling.

3 이곳에서 나가자.
   Let's g_____ here.

   우리는 차에서 내렸다.
   We g_____ the car.

4 그들은 종종 점심 식사 후에 산책하러 간다.
   They often g_____ after lunch.

5 그녀는 많은 사람들 앞에서 연설을 해야 했다.
   She had to g_____ in front of many people.

형용사 중심 표현

6 그녀는 학교 공부로 바쁘다. She i_____ her schoolwork.

전치사 중심 표현 · 부사어

7 그것은 많은 시간이 걸렸다.
   It took a_____ time.

8 그는 계속해서 우리보다 앞서서 걸어갔다.
   He walked on a_____ us.

9 때때로 나는 아직도 그녀를 생각한다.
   F_____ I still think of her.

잘 만났다 구문 표현!

10 존은 자기 반에서 가장 키가 크다.
   John is t_____ any other boy in his class.
   = N_____ (other) boy in the class is t_____ John.
   = John is the t_____ boy in his class.

DAY 39

A 다음 표현의 뜻을 우리말로 쓰세요.

1 hang out (with)

2 prevent A from ⓥ-ing

3 get out of

4 go for a walk/drive/jog

5 give a speech

6 be busy with

7 a great deal of

8 ahead of

9 from time to time

10 비교급＋than any other＋단수명사

B 다음 빈칸에 알맞은 말을 보기 에서 골라 적절히 고쳐 쓰세요.

보기   be busy with   give a speech   go for a walk   hang out

1 그들은 숙제로 바쁘다.

They ＿＿＿＿＿＿＿ their homework.

2 그녀는 일요일마다 개를 데리고 산책하러 간다.

She ＿＿＿＿＿＿＿ with her dog every Sunday.

3 나는 방과 후에 친구들과 많은 시간을 보내고 싶어.

I want to ＿＿＿＿＿＿＿ with my friends after school.

4 그는 유엔에서 인권에 대한 연설을 했다.

He ＿＿＿＿＿＿＿ on human rights at the United Nations.

C 밑줄 친 부분에 유의하여 우리말로 옮기세요.

1 He got out of the taxi.

They got out of their house in a hurry.

2 Bad weather prevented us from leaving.

정답 p.280

D 다음 문장의 밑줄 친 부분과 의미가 같은 것을 보기 에서 고르세요.

> 보기   a lot of   before   sometimes

1 <u>From time to time</u> we all need to relax.
우리 모두는 때때로 편히 쉬어야 할 필요가 있다.

2 Reading gives us <u>a great deal of</u> pleasure.
독서는 우리에게 많은 즐거움을 준다.

3 Two runners were running far <u>ahead of</u> the others.
두 주자가 나머지 선수들보다 훨씬 앞서서 달리고 있었다.

E 오늘의 구문 표현을 이용하여 문장을 완성하세요.

한글은 세계에서 가장 훌륭한 알파벳이다.

Han-geul is the ＿＿＿＿＿＿＿ alphabet in the world.

= *Han-geul* is ＿＿＿＿＿＿＿ any other alphabet in the world.

= No (other) alphabet in the world is ＿＿＿＿＿＿＿ *Han-geul*.

약속하기

- When **shall we make it**? 언제 만나기로 할까?
- **How about** ten o'clock? 10시 어때?
- **All right**[OK, Fine]. 좋아.
- **Shall we make it** at three? Can you **make it** at three? 3시에 만날까?
- **Let's** meet[make it] at 3 p.m., shall we? 오후 3시에 만나자, 그럴래?
- **Where shall we** meet? 어디서 만날래?
- Let's meet **in front of** the department store. 백화점 앞에서 보자.

➕ *If you can't stand the heat, **get out of** the kitchen.* 열기를 참을 수 없으면 부엌에서 나가라.

동사 중심 표현

01 care for 돌보다, 좋아하다

㈜ take care of, look after 돌보다
비교 care about 걱정[염려]하다

02 give away 거저 주다

비교 give up 포기[단념]하다, 그만두다   give in 제출하다

03 go out of …에서 밖으로 나가다

㈜ get out of …에서 나가[오]다
비교 come out of …에서 나오다

04 have a talk (with) (…와) 이야기를 나누다

㈜ talk to ⓝ

05 run out of …이 바닥나다, 다 써버리다

㈜ use up

형용사 중심 표현

06 be short of …가 부족하다

비교 run out of …이 바닥나다

전치사 중심 표현 · 부사어

07 for a minute 잠시 동안

㈜ for a moment, for a while, for a second
비교 in a minute 곧

08 in the end 끝내, 마침내

㈜ finally, at last, after all

09 in those days 그 당시에는, 그때는

㈜ then, at that time   비교 these days 요즘

잘 만났다 구문 표현!

10 What a[an] 형용사 + 명사 (주어 + 동사)! / How 형용사[부사] (주어 + 동사)! 정말 …구나!(감탄문)

핵심 예문

정답 p.280

동사 중심 표현

1 그녀는 나이 드신 어머니를 돌본다.
She c_____ her elderly mother.

2 그 가게는 모든 고객에게 샘플 팩을 거저 주고 있다.
The shop is g_____ a sample pack to every customer.

3 그는 집 밖으로 나가 그들에게 소리쳤다.
He w_____ the house and shouted at them.

4 너와 이야기를 나누고 싶어.
I'd like to h_____ you.

5 그들은 식량이 바닥났다. They r_____ food.

형용사 중심 표현

6 그녀는 돈이 부족한 것 같다.
She seems to b_____ money.

전치사 중심 표현 · 부사어

7 잠시 동안 실례 좀 해도 될까요?
Will you please excuse me f_____?

8 넌 끝내 무엇을 결심했니?
What did you decide i_____?

9 그 당시에는 10원이 많은 돈의 값어치가 있었다.
I_____, 10 won was worth a lot of money.

잘 만났다 구문 표현!

10 그녀는 정말 친절한 여성이구나!
W_____ kind woman she is!

그것 참 멋진 생각이다! W_____ great idea it is!

넌 정말 바쁘구나! H_____ busy you are!

그는 정말 잘 생겼다! H_____ handsome he is!

163

REVIEW TEST

DAY **40**

A 다음 표현의 뜻을 우리말로 쓰세요.

1 care for

2 give away

3 go out of

4 have a talk (with)

5 run out of

6 be short of

7 for a minute

8 in the end

9 in those days

10 What a[an] 형용사+명사/How 형용사!

B 다음 빈칸에 알맞은 말을 보기 에서 골라 적절히 고쳐 쓰세요.

> 보기 give away   go out of   have a talk with
>   run out of   be short of

1 난 돈이 바닥났어.

I _____ money.

2 그는 모든 자신의 돈을 가난한 사람들에게 거저 주었다.

He _____ all his money to the poor.

3 방에서 나갈 때 불을 꺼라.

Turn off the lights when you _____ the room.

4 너는 네 계획에 대해서 선생님과 이야기할 필요가 있다.

You need to _____ your teacher about your plan.

5 머지않아 세계는 천연자원이 부족하게 될 것이다.

Before long the world will _____ natural resources.

C 밑줄 친 부분에 유의하여 우리말로 옮기세요.

He cared for her pet while she was away.

Not everyone cares for music.

D 다음 빈칸에 알맞은 말을 보기 에서 골라 쓰세요.

보기 for a minute   in the end   in those days

1 잠시 동안 그 책을 봐도 될까요?

Can I see that book _____?

2 그는 그때보다 요즘 훨씬 더 행복하다.

He is much happier in these days than _____.

3 그녀는 끝내 피아노 경연대회에 참가하지 않았다.

She didn't take part in the piano contest _____.

E 오늘의 구문 표현을 이용하여 문장을 완성하세요.

1 정말 아름다운 산이구나!

_____ a beautiful mountain it is!

2 모든 일이 얼마나 빨리 일어났는가!

_____ fast everything happened!

부탁하기

- May[Can] I **ask** you **a favor**? 부탁해도 될까요?
- Can[Would] you **do** me **a favor**? 부탁 좀 들어주실래요?
- **I wonder if** you could teach me skiing. 내게 스키를 가르쳐줄 수 있겠니?
- **Do you mind** opening the window? 창문 좀 열어주실래요?
- Could you **give** me **a hand**? 저 좀 도와주시겠습니까?
- Sure. **Of course.** Certainly. **No problem. With pleasure. Why not?** 물론이죠.
- I am sorry, but I can't. **I'm afraid** I can't. 미안하지만 안 되겠는데요.

➕ *You should **give away** a little in order not to lose all.*
모든 걸 잃지 않으려면 조금은 거저 주어야 한다.

165

DAY 41

동사 중심 표현

01 add A to B(n)　　　B에 A를 더하다[첨가하다]

02 cannot[can't] help ⓥ-ing　　　…하지 않을 수 없다

　　　㈌ cannot but ⓥ

03 change (in)to　　　…로 바뀌다[변하다]

　　　㈌ turn (in)to
　　　㊄ change A (in)to B A를 B로 바꾸다

04 share A with B　　　A를 B와 나누다[함께 하다]

05 try ⓥ-ing　　　(시험 삼아) …해보다, 시도하다

　　　㊄ try to ⓥ …하려고 노력하다

형용사 중심 표현

06 be based on　　　…에 바탕을 두다, …에 근거하다

전치사 중심 표현 · 부사어

07 across from　　　…의 맞은편에

08 on sale　　　**할인 판매 중인, 판매 중인**

　　　㊄ for sale 팔려고 내놓은, 판매용인

09 the other day　　　일전에[며칠 전에]

　　　㈌ a few days ago
　　　㊄ one day (과거의) 어느 날, (미래의) 언젠가
　　　　　some day (미래의) 언젠가　these days 요즘

잘 만났다 구문 표현!

10 명령문, and/or　　　…해라, 그러면/그렇지 않으면 ~

핵심 예문

동사 중심 표현

1 명단에 네 이름을 덧붙이길 원하니?

Do you want to a_____ your name t_____ the list?

2 나는 그녀를 가엾게 여기지 않을 수 없다.

I c_____ feeling sorry for her.

3 겨울이 봄으로 바뀌었다.

Winter c_____ spring.

4 나는 다른 3명의 사람들과 집을 함께 쓰고 있다.

I s_____ a house w_____ three other people.

5 다시 로그오프 하고 나서 로그온을 시도해봐라.

T_____ logging off and logging on again.

형용사 중심 표현

6 그 영화는 실화에 바탕을 두고 있다.

The film i_____ a true story.

전치사 중심 표현 · 부사어

7 그는 내 맞은편에 앉았다.

He sat a_____ me.

8 이 장갑은 단돈 9달러로 할인 판매 중이었다.

These gloves were o_____ for only $9.

9 나는 며칠 전에 그에 대한 소식을 들었다.

I heard the news about him t_____.

잘 만났다 구문 표현!

10 최선을 다해, 그러면 넌 성공할 거야.

Do your best, a_____ you will succeed.

서둘러라, 그렇지 않으면 우린 학교에 지각할 거야.

Hurry up, o_____ we'll be late for school.

REVIEW TEST

A 다음 표현의 뜻을 우리말로 쓰세요.

1 add A to B(ⓝ)

2 cannot[can't] help ⓥ-ing

3 change (in)to

4 share A with B

5 try ⓥ-ing

6 be based on

7 across from

8 on sale

9 the other day

10 명령문, and/or

B 다음 빈칸에 알맞은 말을 보기 에서 골라 적절히 고쳐 쓰세요.

보기   add A to B   change to   share A with B

1 빨간불이 파란불로 바뀌었다.

The red light _____ green.

2 그녀는 커피에 설탕을 탔다.

She _____ sugar _____ coffee.

3 그들은 자신들의 생각을 다른 사람들과 나누고 싶어 한다.

They want to _____ their thoughts _____ other people.

C 다음 문장을 우리말로 옮길 때, 빈칸에 알맞은 말을 쓰세요.

1 Their relationship is based on trust and understanding.

그들의 관계는 신뢰와 이해에 _____.

2 I am going to try cooking curry and rice this evening.

나는 오늘 저녁에 카레라이스를 _____.

3 We couldn't help laughing at him when he fell into the water.

우리는 그가 물에 빠졌을 때 그를 보고 _____.

D 다음 빈칸에 알맞은 말을 보기 에서 골라 쓰세요.

> 보기   across from   on sale   the other day

1 그 식당은 호텔 바로 맞은편에 있다.

The restaurant is just _____ the hotel.

2 이 컴퓨터는 지금 50퍼센트 할인 판매 중입니다.

This computer is _____ now, off 50%.

3 며칠 전에 나는 우연히 그의 비밀을 알게 되었다.

_____, I happened to know his secret.

E 오늘의 구문 표현을 이용하여 문장을 완성하세요.

1 새로운 걸 시도해, 그러면 넌 새로운 세계를 발견할 거야.

Try new things, _____ you can discover a new world.

2 일찍 떠나, 그렇지 않으면 도로가 차로 가득 찰 거야.

Leave early, _____ the road will be full of cars.

이럴 땐 이렇게!

의견 묻고 답하기

- **What do you think of** Koreans? 한국인들에 대해 어떻게 생각하니?
- **I think** they are so diligent. 난 그들이 매우 부지런하다고 생각해.
- **How do you feel about** this plan? 이 계획에 대해서 어떻게 생각해?
- **In my opinion**, it is difficult to carry out. 내 생각엔 그건 실행하기 힘들어.
- **How do you like** the movie? 그 영화 어때?
- **Do you think** it is the best way? 넌 그게 가장 좋은 방법이라고 생각하니?
- Sure[Certainly]. 물론.
- No, I don't think so. 아니, 난 그렇게 생각하지 않아.

➕ *True love **is based** not **on** what you have, but **on** who you really are.*
참된 사랑은 네가 무얼 가지고 있는가가 아니라 네가 진짜 누구인가에 바탕을 둔다.

169

DAY 42

동사 중심 표현

01 consist of

···로 이루어지다, ···로 구성되다

㈌ be made up of, be composed of
비교 consist in ···에 있다

02 drop by

들르다

㈌ drop in, stop by[in], come by

03 make fun of

놀리다

㈌ make a fool of

04 shake hands (with)

(···와) 악수하다

05 take pride in

자랑스러워하다

㈌ be proud of

형용사 중심 표현

06 be crowded with

···로 붐비다

• *be overcrowded with* ···로 초만원이다

전치사 중심 표현 · 부사어

07 every[each] time

···할 때마다, 언제나[매번]

㈌ whenever ···할 때마다
always, all the time 언제나

08 in danger

위험에 빠진

• *put ... in danger* ···을 위험에 빠뜨리다

09 in silence

조용히, 말없이

잘 만났다 구문 표현!

10 as soon as

···하자마자

170

핵심 예문

1 한글은 10개의 모음과 14개의 자음으로 이루어져 있다.

Han-geul c_____ 10 vowels and 14 consonants.

2 오늘 오후 제 사무실에 들러주세요.

D_____ my office this afternoon.

3 날 놀리지 마.

Don't m_____ me.

4 선수들이 팬들과 악수를 했다.

The players s_____ the fans.

5 나는 내 일에 자부심을 갖고 있다. I t_____ my work.

6 그 가게는 물건 사는 사람들로 붐빈다.

The store i_____ shoppers.

전치사 중심 표현 · 부사어

7 비가 올 때마다 지붕은 물이 샌다.

The roof leaks e_____ it rains.

8 그들의 생명이 위험에 처해있다.

Their lives are i_____.

9 그들은 말없이 앉아있었다.

They sat i_____.

잘 만났다 구문 표현!

10 그가 버스에서 내리자마자 비가 오기 시작했다.

A_____ he got off the bus, it began to rain.

선생님이 들어오자마자 학생들은 조용히 했다.

The students were quiet a_____ the teacher came in.

REVIEW TEST

DAY 42

A 다음 표현의 뜻을 우리말로 쓰세요.

1 consist of
2 drop by
3 make fun of
4 shake hands (with)
5 take pride in

6 be crowded with
7 every[each] time
8 in danger
9 in silence
10 as soon as

B 다음 빈칸에 알맞은 말을 보기 에서 골라 적절히 고쳐 쓰세요.

보기   be crowded with   in danger   in silence
        make fun of   shake hands with

1 그들은 그 게으른 소년을 놀렸다.
   They _____ the lazy boy.

2 아버지가 손님들과 악수를 했다.
   My father _____ guests.

3 그는 말없이 어머니의 말을 들었다.
   He listened to his mother _____.

4 거리는 많은 관광객들로 붐볐다.
   The streets _____ many tourists.

5 그들은 위험에 빠진 야생동물들을 돌보았다.
   They cared for wild animals _____.

C 밑줄 친 부분에 유의하여 우리말로 옮기세요.

She gets a good grade in English <u>every time</u>.

<u>Every time</u> he sees her, his heart beats strongly.

172

정답 p.281

D 다음 문장의 밑줄 친 부분과 의미가 같은 것을 보기 에서 고르세요.

> 보기   be made up   be proud of   stop by

1 They take pride in their work.
그들은 자신들의 일을 자랑스러워한다.

2 I dropped by a store on my way home.
나는 집에 가는 도중에 가게에 들렀다.

3 The United States of America consists of fifty states.
미국은 50개의 주로 이루어져 있다.

E 오늘의 구문 표현을 이용하여 문장을 완성하세요.

한국인들은 아기가 태어나자마자 한 살 먹게 한다.

Koreans add a year to babies _____ they're born.

이럴 땐 이렇게!

이해 확인하기

- Are you following me?=Do you follow me?=Do you **get my point**?
내 말 알아들었니?
- Do you get it?=Do you understand?=Do you know what I mean?
이해되니?
- Does this seem to **make sense**? 이해되는 것 같니?
- Can you say that again?=I beg your pardon?=Excuse me?=Sorry?
다시 말씀해 주시겠어요?
- I understand. **I see.** 알겠어.
- I know. 알아.
- Do you mean it? 정말?

➕ *Our greatness consists not in never falling, but in rising **every time** we fall.*
위대함은 절대 넘어지지 않는 데 있는 게 아니라 넘어질 때마다 일어나는 데 있다.

173

동사 중심 표현

01 ask ... a favor　…에게 부탁하다

반 do ... a favor …의 부탁을 들어주다

02 get in　(승용차처럼 작은 것을) 타다

유 get on (배·비행기·열차·버스 등 큰 것을) 타다
반 get off (탈것에서) 내리다

03 give (...) a hand　(…을) 도와주다

비교 give (...) a big hand (…에게) 박수갈채를 보내다

04 protect A from [against] B　A를 B로부터 지키다[보호하다]

05 take ... apart　(기계 등을) 분해하다

반 put together 모아 만들다[합하다], 조립하다

형용사 중심 표현

06 be made into　…가 되다

• 재료+*be made into*+제품
비교 제품+be made of+재료 …로 만들어지다 (재료의 질이 변하지 않는 경우)
　　제품+be made from+재료 …로 만들어지다 (재료의 질이 변하는 경우)

전치사 중심 표현 · 부사어

07 at the top of　…의 맨 위에, …의 일등인

08 for instance　예를 들면

유 for example

09 in addition　게다가

유 besides, moreover
비교 in addition to ⓝ … 이외에도, …에 더하여

잘 만났다 구문 표현!

10 even if[though]　비록 …일지라도

핵심 예문

정답 p.281

동사 중심 표현

1 당신에게 부탁 하나 해도 될까요?
   Can I a_____ you a_____?

2 빨리 차에 타라.
   G_____ the car quickly.

3 이거 드는 것 좀 도와주시겠어요?
   Can you g_____ me a_____ to lift this?

4 우리는 지구 온난화로부터 지구를 지켜야 한다.
   We must p_____ the earth f_____ global warming.

5 그는 무엇이 잘못됐는지 보기 위해서 엔진을 분해했다.
   He t_____ the engine a_____ to see what was wrong.

형용사 중심 표현

6 쓰고 난 종이는 다시 새 종이가 된다.
   Used paper i_____ new paper again.

전치사 중심 표현 · 부사어

7 그는 계단 맨 위에 서 있었다.
   He was standing a_____ the stairs.

8 예를 들어, 사과와 배는 과일이다.
   F_____, apples and pears are fruit.

9 게다가 넌 열심히 공부해야 한다.
   I_____, you should work hard.

잘 만났다 구문 표현!

10 비록 그가 가난할지라도 그녀는 그를 대단히 사랑한다.
   E_____ he is poor, she loves him very much.

   그는 비록 피곤할지라도 매우 열심히 일[공부]했다.
   E_____ he was tired, he worked very hard.

REVIEW TEST

DAY 43

A 다음 표현의 뜻을 우리말로 쓰세요.

1 ask ... a favor   6 be made into

2 get in   7 at the top of

3 give (...) a hand   8 for instance

4 protect A from[against] B   9 in addition

5 take ... apart   10 even if[though]

B 다음 빈칸에 알맞은 말을 [보기]에서 골라 적절히 고쳐 쓰세요.

> [보기]   ask ... a favor   give ... a hand
>
>   protect A from[against] B   take ... apart

1 저를 좀 도와주시겠습니까?

Could you _____ me _____?

2 네게 부탁하려고 전화했어.

I called to _____ you _____.

3 그는 컴퓨터를 분해했지만 고치지 못했다.

He _____ the computer _____ but couldn't fix it.

4 군인들은 나라를 적들로부터 지킨다.

Soldiers _____ their country _____ enemies.

C 다음 빈칸에 알맞은 전치사를 쓰세요.

1 Milk is made _____ cheese.

우유가 치즈가 된다.

2 Cheese is made _____ milk.

치즈는 우유로 만들어진다.

D 두 표현의 관계가 같도록 빈칸에 알맞은 말을 쓰세요.

1 soon : before long = besides : i_____

2 after all : in the end = for example : f_____

3 be different from : be similar to = get off : g_____

E 밑줄 친 부분에 유의하여 우리말로 옮기세요.

He is at the top of his class.

Write down today's date at the top of the first page.

F 오늘의 구문 표현을 이용하여 문장을 완성하세요.

그녀는 비록 영어권 국가에 산 적이 없을지라도 영어에 능숙하다.

_____ she has never lived in an English-speaking country, she is good

at English.

동의 · 반대하기

- Do you agree? 동의하니?
- **I agree with** you. 네 말에 동의해.
- **I think so, too.** 나도 그렇게 생각해.
- You are right. 네 말이 맞아.
- That's right. 그게 맞아.
- **That's it!** 바로 그거야!
- **I couldn't agree more. You can say that again!** 전적으로 동감이야.
- I can't **agree with** you. 난 네 말에 동의할 수 없어.
- I don't think so. 난 그렇게 생각하지 않아.

*I asked for love and God gave me troubled people to **give a hand**.*
내가 사랑을 요구하자 신은 내게 도와줘야 할 곤경에 빠진 사람들을 주었다.

01 break out

(전쟁·화재가) 발발[발생]하다

02 die from

(부상, 부주의 등으로) 죽다

비교 die of (병, 노령 등으로) 죽다
• 이 구별은 절대적인 게 아님.

03 feel like

…하고 싶다, …라는 느낌이 들다, …인[일] 것 같다

04 hang up

전화를 끊다, 걸어두다

비교 hang on 전화를 끊지 않고 기다리다
비교 pick up the phone, answer the phone 전화를 받다

05 look up

찾아보다, 올려다보다

반 look down 내려다보다
비교 look up to ⓝ 존경하다

06 be addicted to ⓝ

…에 중독되어 있다[빠져 있다]

07 in public

공개적으로[사람들이 있는 데서]

08 on purpose

일부러[고의로]

09 one by one

한 명씩[하나씩]

비교 little by little 조금씩, 점차로
　　 step by step 한 걸음 한 걸음

**10 If 과거동사,
　 과거조동사 + 동사원형**

~한다면[이라면] …할 텐데[일 텐데](현재·미래 사실 반대 가정)

핵심 예문

정답 p.282

동사 중심 표현

1 어느 날 그의 집에 화재가 발생했다.
One day a fire b＿＿＿＿＿＿ in his house.

2 그녀는 부상으로 죽었다. She d＿＿＿＿＿＿ her injuries.

3 아무것도 먹고 싶지 않아.
I don't f＿＿＿＿＿＿ eating anything.

오늘 좋은 일이 생길 것 같은 느낌이 든다.
I f＿＿＿＿＿＿ something good will happen today.

4 전화를 끊었다가 다시 걸겠습니다.
I'll h＿＿＿＿＿＿ and call you back.

5 그 단어를 네 사전에서 찾아봐라.
L＿＿＿＿＿＿ the word in your dictionary.

형용사 중심 표현

6 그는 컴퓨터 게임에 중독되어 있다.
He i＿＿＿＿＿＿ computer games.

전치사 중심 표현 · 부사어

7 그는 공개적으로 사과해야 했다.
He had to apologize i＿＿＿＿＿＿.

8 너는 일부러 그렇게 했니?
Did you do that o＿＿＿＿＿＿?

9 그는 그들의 얼굴을 한 명씩 바라보았다.
He looked at their faces o＿＿＿＿＿＿.

잘 만났다 구문 표현!

10 내가 너라면 그것을 하지 않을 텐데.
I＿＿＿＿＿＿ I w＿＿＿＿＿＿ you, I w＿＿＿＿＿＿ do that.

만약 그가 충분한 돈을 가지고 있다면 그걸 살 수 있을 텐데.
I＿＿＿＿＿＿ he h＿＿＿＿＿＿ enough money, he c＿＿＿＿＿＿ buy it.

179

REVIEW TEST

DAY 44

A 다음 표현의 뜻을 우리말로 쓰세요.

1 break out

2 die from

3 feel like

4 hang up

5 look up

6 be addicted to ⓝ

7 in public

8 on purpose

9 one by one

10 If 과거동사, 과거조동사+동사원형

B 다음 빈칸에 알맞은 말을 보기 에서 골라 적절히 고쳐 쓰세요.

보기   be addicted to   break out   die from   hang up

1 그는 컴퓨터 게임에 중독되어 있다.

He _____ computer games.

2 한국전쟁은 1950년에 발발했다.

The Korean War _____ in 1950.

3 많은 사람들이 자동차 사고로 죽는다.

Many people _____ car accidents.

4 내가 돌아올 때까지 전화를 끊지 마.

Don't _____ the phone until I get back.

C 밑줄 친 부분에 유의하여 우리말로 옮기세요.

1 He looked up the words in the dictionary.

When he looked up, he saw a fairy.

2 I don't feel like going out tonight.

She was there only one day, but it felt like a week.

D 다음 빈칸에 알맞은 말을 보기 에서 골라 쓰세요.

> **보기**   in public   one by one   on purpose

1 그녀는 너무 수줍어서 사람들이 있는 데서 춤을 추지 못한다.

   She is too shy to dance _____.

2 나는 고의로 그렇게 하지 않았어. 그건 사고였어.

   I didn't do it _____. It was an accident.

3 한 명씩 승객들이 버스에서 내렸다.

   _____ the passengers got off the bus.

E 오늘의 구문 표현을 이용하여 문장을 완성하세요.

만약 그게 사실이라면 난 기쁠 텐데.

If it _____ true, I would be happy.

염려 표현하기

- **You look sad/worried/upset/serious.** 슬퍼/걱정스러워/속상해/심각해 보이는구나.
- **What's the matter?** 무슨 일이니?
- **What's the problem?** 뭐가 문제니?
- **What happened?** 무슨 일이 있었니?
- **What's wrong?** Is something wrong? 뭐가 잘못됐어?
- **Are you all right?** 괜찮니?
  [비교] 염려되지 않는 것에 대해 물을 때: **What's up?** 무슨 일인데?

➕ *Do not wash your dirty linen **in public**.*
더러운 속옷을 사람들 앞에서 빨지 말라.(창피한 일을 드러내지 마라.)

 **DAY 45**

동사 중심 표현

01 look through

훑어보다, 통해 보다, 뒤지다

비교 look at 바라보다 look for 찾다 look into 들여다보다, 조사하다

02 make an effort

노력하다

• *make one's best efforts* 최대한 노력하다

03 make (good) use of

(잘) 이용하다

• *make the best[the most, full] use of* 최대한 이용하다

04 see a doctor

진찰을 받다

ⓨ go to a doctor

05 turn (in)to

…로 바뀌다[변하다]

ⓨ change (in)to
비교 turn A (in)to B A를 B로 바꾸다

형용사 중심 표현

06 be[get] used to ⓝ[ⓥ-ing]

…에 익숙하다[익숙해지다]

비교 be used to ⓥ …하기 위해 사용되다
        used to ⓥ …하곤 했다

전치사 중심 표현 · 부사어

07 a variety of

여러 가지의[다양한]

08 in the distance

멀리서

09 with joy

기뻐서

• *with* + 추상명사 = 부사

잘 만났다 구문 표현!

10 If had 과거분사, 과거조동사 + have 과거분사

~했더라면[였더라면] …했을 텐데[였을 텐데](과거 사실 반대 가정)

정답 p.282

동사 중심 표현

1 그는 신문을 훑어봤다.
He l_____ the newspaper.

그녀는 창문을 통해 파란 하늘을 보았다.
She l_____ the window at the blue sky.

2 내 계획을 지키도록 노력할 것이다.
I will m_____ to keep my plan.

3 시간을 잘 이용하도록 노력해라. Try to m_____ your time.

4 넌 그 기침에 대해 의사의 진찰을 받아야 해.
You should s_____ about that cough.

5 그 소파는 침대로 바뀐다. The sofa t_____ a bed.

형용사 중심 표현

6 나는 일찍 일어나는 데 익숙하다. I a_____ getting up early.

그녀는 그 일에 익숙해졌다. She g_____ the work.

전치사 중심 표현 · 부사어

7 그들은 다양한 제품들을 생산한다.
They produce a_____ products.

8 교회 종소리가 멀리서 울렸다.
Church bells rang i_____.

9 그는 기뻐서 소리쳤다.
He shouted w_____.

잘 만났다 구문 표현!

10 만약 네가 좀 더 주의 깊었더라면, 가방을 잃어버리지 않았을 텐데.
I_____ you h_____ more careful, you w_____ your bag.

만약 그가 그녀의 전화번호를 알았더라면 그녀에게 전화할 수 있었을 텐데.
I_____ he h_____ her phone number, he c_____ her up.

REVIEW TEST

A 다음 표현의 뜻을 우리말로 쓰세요.

1 look through

2 make an effort

3 make (good) use of

4 see a doctor

5 turn (in)to

6 be[get] used to ⓝ[ⓥ-ing]

7 a variety of

8 in the distance

9 with joy

10 If had 과거분사, 과거조동사+have 과거분사

B 다음 빈칸에 알맞은 말을 보기 에서 골라 적절히 고쳐 쓰세요.

보기   make good use of   make an effort   turn into   see a doctor

1 그는 그녀에게 진찰을 받아보라고 말했다.

He told her to _____.

2 그는 모범생으로 변했다.

He _____ a model student.

3 그들은 영어를 배우기 위해 노력한다.

They _____ to learn English.

4 하루의 매 순간을 잘 이용하려고 노력해라.

Try to _____ every minute of the day.

C 밑줄 친 부분에 유의하여 우리말로 옮기세요.

1 Don't look through the keyhole.

She looked through the advertisement in the newspaper.

2 He is used to driving a car.

All this money will be used to help homeless people around the world.

D 다음 빈칸에 알맞은 말을 보기 에서 골라 쓰세요.

> 보기   a variety of   in the distance   with joy

1 그녀는 기뻐서 펄쩍 뛰었다.

   She jumped _____.

2 우리는 다양한 사람들의 의견을 듣고 싶다.

   We want to hear the opinions of _____ people.

3 맑은 날에 너는 멀리서 그 산을 볼 수 있다.

   On a clear day, you can see the mountain _____.

E 오늘의 구문 표현을 이용하여 문장을 완성하세요.

만약 클레오파트라의 코가 조금만 더 낮았더라도 세계의 역사는 바뀔 수도 있었을 텐데.

If Cleopatra's nose _____ a little shorter, the history of the world might have changed.

| 럴 땐
| 렇게!

시간 · 날짜 · 요일 · 날씨 묻고 답하기

- **What time is it now?**=**Do you have the time?**
  =**What time do you have?** 지금 몇 시지?
- Let me see. It's ten. 어디 보자. 10시야.
- **What's the date** today? 오늘 며칠이니?
- It's May the first. 5월 1일이야.
- **What day is it** today? 오늘 무슨 요일이니?
- It's Saturday. 토요일이야.
- **What's the weather like?**=**How's the weather?** 날씨가 어떠니?
- It's fine/cold/cloudy/snowy/windy/foggy.
  맑아/추워/흐려/눈 와/바람 불어/안개가 꼈어.
- It's likely to rain/snow. 비/눈 올 것 같아.

➕ *The foolish man seeks happiness **in the distance**. The wise grows it under his feet.*
어리석은 사람은 행복을 멀리서 찾는다. 지혜로운 사람은 행복을 자신의 발 아래 키운다.

185

DAY 46

학습일 | 1차: 월 일 | 2차: 월 일

동사 중심 표현

01 focus on …에 초점을 맞추다, …에 집중하다

02 make a reservation 예약하다

03 make oneself at home 편안히 하다

비교 at home 집에서

04 set the table 식탁을 차리다

05 turn over 뒤집다, 넘기다

비교 turn up 나타나다, (소리 등을) 높이다
turn down 거절하다, (소리 등을) 낮추다

형용사 중심 표현

06 be familiar to ⓝ …에게 익숙하다[친숙하다]

비교 be familiar with …을 잘 알다[…에 익숙하다]

전치사 중심 표현 · 부사어

07 at noon/midnight 정오/자정에

비교 at night 밤에
in the morning/afternoon/evening 아침/오후/저녁에

08 at the beginning (of) (…의) 처음[초]에

09 or so (수량 뒤에서) …쯤, 정도

윤 about, around

잘 만났다 구문 표현!

10 as if[though] + 과거동사 마치 …인 것처럼(현재 사실 반대 가정)

핵심 예문

정답 p.282

동사 중심 표현

1 이 기사는 노숙자 문제에 초점을 맞추고 있다.

This article f_____ the questions of homeless people.

2 여기 오시기 전에 예약을 하셨습니까?

Did you m_____ before coming here?

3 편히 계세요. Please m_____.

4 난 엄마가 상 차리는 것을 도와드렸다.

I helped my mom s_____.

5 그는 카드를 뒤집었다. He t_____ the cards.

형용사 중심 표현

6 그 거리는 내게 익숙했다.

The street w_____ me.

전치사 중심 표현 · 부사어

7 그 다음날 정오에 우리는 서울에 도착했다.

The next day a_____, we reached Seoul.

누군가가 자정에 문을 두드렸다.

Someone knocked on the door a_____.

8 각 장의 처음에 짧은 시가 있다.

There's a short poem a_____ every chapter.

9 우리는 5분쯤 후에 떠나야 한다.

We have to leave in five minutes o_____.

잘 만났다 구문 표현!

10 그들은 마치 유령인 것처럼 분장했다.

They dressed up a_____ they were ghosts.

나는 마치 꿈을 꾸고 있는 것처럼 느껴진다.

I feel a_____ I were dreaming.

REVIEW TEST

DAY 46

A 다음 표현의 뜻을 우리말로 쓰세요.

1 focus on

2 make a reservation

3 make oneself at home

4 set the table

5 turn over

6 be familiar to ⓝ

7 at noon/midnight

8 at the beginning (of)

9 or so

10 as if[though]+과거동사

B 다음 빈칸에 알맞은 말을 보기 에서 골라 적절히 고쳐 쓰세요.

> 보기   be familiar to   make a reservation   set the table   turn over

1 이 속담은 우리에게 익숙하다.

This proverb _____ us.

2 두 명 예약하고 싶어요.

I'd like to _____ for two.

3 큰 파도가 구명보트를 뒤엎었다.

A big wave _____ the life boat.

4 그녀는 저녁 식탁을 차리느라 바빴다.

She was busy _____ for dinner.

C 다음 문장을 우리말로 옮길 때, 빈칸에 알맞은 말을 쓰세요.

1 You should focus on the teacher to study well.

공부를 잘하기 위해서는 _____.

2 Take your coat off and make yourself at home.

코트를 벗고 _____.

정답 p.282

D 다음 빈칸에 알맞은 말을 보기 에서 골라 쓰세요.

> 보기   at noon   at the beginning of   or so

1 그는 보통 정오에 점심을 먹는다.

He usually have lunch _____.

2 나는 2년 정도 여기서 살아왔다.

I have lived here for two years _____.

3 나는 학년 초에는 늘 흥분된다.

I always get excited _____ the school year.

E 오늘의 구문 표현을 이용하여 문장을 완성하세요.

그녀는 마치 모든 것을 다 아는 것처럼 말한다.

She talks _____ she knew everything.

이럴 땐 이렇게!

길 묻고 답하기

- Could[Would] you show[tell] me the way to the nearest station?
  가장 가까운 역 가는 길 좀 가르쳐 주실래요?
- Could you tell me where the rest room is? 화장실이 어디죠?
- How can I **get to** City Hall? 시청에 어떻게 가죠?
- **How long does it take to** get there? 그곳에 가는 데 얼마나 걸립니까?
- **Go straight** for two blocks and turn left. 두 블록 직진해서 왼쪽으로 도세요.
- **You can't miss it**. 틀림없이 찾을 수 있을 거예요.

➕ *Fruit is silver in the morning, gold **at noon**, and lead at night.*
   과일은 아침에는 은이고, 정오에는 금이고, 밤에는 납이다.

189

DAY 47

동사 중심 표현

01 get rid of　　없애다, 제거하다
　　　　　　　　　유 remove

02 go abroad　　외국[해외]에 가다

03 make a call　　전화하다

04 pass away　　돌아가시다, 죽다

05 succeed in　　…에 성공하다
　　　　　　　　　반 fail in …에 실패하다

형용사 중심 표현

06 be anxious about　　…에 대해 걱정[염려]하다
　　　　　　　　　유 worry about, be worried about

전치사 중심 표현 · 부사어

07 as far as　　…까지, …하는 한

08 in half　　절반으로

09 little by little　　조금씩, 점차로
　　　　　　　　　비교 one by one 한 명씩[하나씩]
　　　　　　　　　　　　step by step 한 걸음 한 걸음, 착착

잘 만났다 구문 표현!

10 I wish + 과거동사　　…한다면 좋을 텐데(현재 사실 반대 가정)

190

핵심 예문

정답 p.283

동사 중심 표현

1 그녀는 냄새를 제거하기 위해서 창문을 열었다.
   She opened the windows to g_____ the smell.

2 그녀는 업무로 자주 외국에 간다.
   She often g_____ on business.

3 그는 전화를 걸려고 방을 나갔다.
   He left the room to m_____.

4 할머니는 평화롭게 돌아가셨다.
   My grandmother p_____ peacefully.

5 그는 그 문제를 푸는 데 성공했다.
   He s_____ solving the problem.

형용사 중심 표현

6 그의 어머니는 그의 장래를 걱정하신다.
   His mother i_____ his future.

전치사 중심 표현 · 부사어

7 그녀는 대전까지 버스로 갔다.
   She went by bus a_____ Daejeon.

   내가 알고 있는 한 그는 결백하다.
   He is innocent a_____ I know.

8 그녀는 종이를 절반으로 찢었다.
   She tore the piece of paper i_____.

9 수위가 조금씩 올라갔다.
   The water level rose l_____.

잘 만났다 구문 표현!

10 내게 더 많은 친구가 있으면 좋을 텐데.
   I w_____ I h_____ more friends.

   우리가 물을 깨끗하게 할 수 있다면 좋을 텐데.
   I w_____ we c_____ have water cleaned.

191

REVIEW TEST

A 다음 표현의 뜻을 우리말로 쓰세요.

1 get rid of

2 go abroad

3 make a call

4 pass away

5 succeed in

6 be anxious about

7 as far as

8 in half

9 little by little

10 I wish + 과거동사

B 다음 빈칸에 알맞은 말을 보기 에서 골라 쓰세요.

보기 go abroad   in half   little by little   make a call   succeed in

1 그녀는 오렌지를 반으로 잘랐다.

She cut an orange _____.

2 그녀는 매일 조금씩 회복되었다.

She got better _____ every day.

3 넌 그녀와 친구가 되는 데 성공할 거야.

You will _____ making friends with her.

4 한국의 서울로 전화를 하고 싶은데요.

I'd like to _____ to Seoul, Korea.

5 그녀는 공부를 하러 외국에 갈 결심을 했다.

She made her mind to _____ for her study.

C 밑줄 친 부분에 유의하여 우리말로 옮기세요.

As far as I know, it is not true.

We walked as far as the beach.

정답 p.283

D 다음 문장의 밑줄 친 부분과 의미가 같은 것을 보기 에서 고르세요.

보기 be worried about die remove

1 Plants get rid of bad gas in the air.
식물은 대기 중의 나쁜 가스를 없앤다.

2 She is anxious about her mother's health.
그녀는 어머니의 건강에 대해 걱정한다.

3 My grandfather passed away five years ago.
할아버지는 5년 전에 돌아가셨다.

E 오늘의 구문 표현을 이용하여 문장을 완성하세요.

그가 바로 지금 바로 여기에 나와 함께 있다면 좋을 텐데.
I wish he _____ with me right here right now.

- May[Can] I speak to Linda? 린다와 통화할 수 있을까요?
- **Who is calling**, please?=Who is this? 누구세요?
- **This is Linda speaking.** 린다예요.
- **Hold on a second.** 잠깐만 기다리세요.
- **Can I leave a message?** 메시지를 남겨도 될까요?
- Do you want to **leave a message?** 메시지를 남기고 싶으세요?
- **May I take a message** for her? 그녀에게 메시지를 전해 드릴까요?
- You **have the wrong number.** 전화 잘못 거셨어요.

➕ *Hating people is like burning down your own house to **get rid of** a rat.*
사람들을 미워하는 건 쥐 한 마리를 잡으려 집 전체를 다 태워버리는 것과 같다.

193

DAY 48

동사 중심 표현

01 get[catch] one's attention

…의 관심을 끌다

비교 pay attention to ⓝ …에 주의를 기울이다

02 fight for/against

…을 위해/…에 맞서 싸우다

03 get well

(병이) 낫다, 회복하다

유 recover
비교 get better 더 좋아지다, (병 등이) 회복되다

04 have[get, take] a seat

자리에 앉다

05 hit (up)on

생각해내다

형용사 중심 표현

06 be scared of

~을 무서워하다

유 be afraid of

전치사 중심 표현 · 부사어

07 as usual

여느 때처럼, 평소와 같이

08 on earth

지구상, (의문문에서) 도대체, (부정문에서) 세상의

09 upside down

거꾸로, (위가 아래로 되게) 뒤집혀

잘 만났다 구문 표현!

10 How much/many/ old/long/tall/high/ fast/far/large/ often/soon/many times?

얼마나 많은(양)/많은(수)/나이 든/오래[긴]/키 큰/높이/빨리/ 멀리/큰/자주/일찍/여러 번?

핵심 예문

정답 p.283

동사 중심 표현

1 그녀는 그의 주의를 끌려고 손을 흔들었다.
   She waved to g_____.

2 그들은 독립을 위해 싸웠다. They f_____ their independence.

   많은 한국인들이 해방을 위해 일본인들에 맞서 싸웠다.
   Many Koreans f_____ the Japanese for liberation.

3 나는 네가 곧 회복하길 바란다. I hope you g_____ soon.

4 들어와서 앉으세요. Come in and h_____.

5 그는 좋은 계획이 떠올랐다. He h_____ a good plan.

형용사 중심 표현

6 그녀는 뱀을 무서워한다. She i_____ snakes.

전치사 중심 표현 · 부사어

7 여느 때처럼 런던의 날씨는 안개가 끼고 가볍게 비가 오고 있다.
   A_____ the weather in London is foggy and raining lightly.

8 식물은 지구상의 삶[생명체]에 필요하다.
   Plants are necessary for life o_____.

   도대체 무슨 말을 하는 거니?
   What o_____ are you talking about?

   그것은 세상에 쓸모없다. It's no use o_____.

9 접시를 뒤집으세요. Turn the plate u_____.

잘 만났다 구문 표현!

10 그거 얼마예요? H_____ is it?

   넌 얼마나 많은 책을 갖고 있니? H_____ books do you have?

   몇 살이니? H_____ are you?

   얼마나 오랫동안 머물거니? H_____ will you stay?

REVIEW TEST

DAY 48

A 다음 표현의 뜻을 우리말로 쓰세요.

1 get[catch] one's attention

2 fight for/against

3 get well

4 have[get, take] a seat

5 hit (up)on

6 be scared of

7 as usual

8 on earth

9 upside down

10 How much/many/old/long?

B 다음 빈칸에 알맞은 말을 보기 에서 골라 적절히 고쳐 쓰세요.

보기   as usual   be scared of   have a seat   hit (up)on   upside down

1 그녀는 높은 곳을 무서워한다.

She _____ heights.

2 그는 여느 때처럼 학교에 지각했다.

He was late for school _____.

3 저 그림은 거꾸로 걸려 있다.

That picture is hanging _____.

4 그 때 그녀는 좋은 아이디어를 생각해냈다.

At that time, she _____ a good idea.

5 자리에 앉아서 이름을 부를 때까지 기다리세요.

_____ and wait until your name is called.

C 밑줄 친 부분에 유의하여 우리말로 옮기세요.

What on earth are you doing?

All forms of life on earth depend on each other.

D 다음 문장을 우리말로 옮길 때, 빈칸에 알맞은 말을 쓰세요.

1 They fought for their own right.

그들은 _____.

2 A doctor helps sick people get well.

의사는 아픈 사람들이 _____.

3 A good advertisement gets our attention.

좋은 광고는 _____.

E 오늘의 구문 표현을 이용하여 문장을 완성하세요.

1 축구 경기를 하기 위해 얼마나 많은 선수들이 필요하니?

_____ players do you need to play soccer?

2 그 동상은 높이가 얼마니?

_____ is the statue?

3 얼마나 빨리 머리카락이 자라니?

_____ does your hair grow?

**1럴 땐
1렇게!**

동정 · 유감 표현하기

- I'm sorry to hear that.
- **That's too bad.**
- **What's a pity! What a shame!** 안됐구나[유감이구나, 애석하구나].

➕ *Where two dogs **fight for** a bone, the third runs away with it.*
두 마리의 개가 뼈다귀를 차지하려고 싸우는 곳에 제 3의 개가 물고 달아난다.

197

동사 중심 표현

01 take turns

교대로[돌아가며] 하다

02 go wrong

(일이) 잘 안 되다, 고장 나다, 길을 잘못 들다

03 prefer A(ⓝ) to B(ⓝ)

B보다 A를 더 좋아하다

비교 prefer to A(ⓥ) (rather than B(ⓥ)) (B하기보다) A하기를 더 좋아하다

04 see ... off

배웅[전송]하다

05 take[have] a look at

보다

유 look at

형용사 중심 표현

06 be (of) no use

쓸모없다

유 be useless   반 be of use
비교 It's no use …해봐야 소용없다

전치사 중심 표현 · 부사어

07 day and night

밤낮으로, 항상

유 all the time
비교 day by day 나날이   day after day 매일 매일

08 first of all

무엇보다도 먼저[우선]

유 above all, most of all

09 over and over (again)

여러 번, 반복해서

유 repeatedly, many times, again and again

잘 만났다 구문 표현!

10 What time/day/ kind/size?

몇 시/무슨 요일/어떤 종류/무슨 치수?

핵심 예문

정답 p.283

1 아이들이 교대로 그네를 탔다.
The kids t_____ on the swing.

2 갑자기 일들이 잘 안 되기 시작했다.
Suddenly things started to g_____.

3 어떤 사람들은 커피보다 차를 더 좋아한다.
Some people p_____ tea t_____ coffee.

4 부모님은 공항에서 날 배웅해주셨다.
My parents s_____ me o_____ at the airport.

5 이것 좀 봐요. T_____ this.

네 사전을 봐도 되겠니?
Can I h_____ your dictionary?

형용사 중심 표현

6 그것은 더 이상 내게 쓸모없다.
It i_____ to me any more.

전치사 중심 표현 · 부사어

7 그 도로에는 항상 교통량이 많다.
There is heavy traffic on the street d_____.

8 무엇보다도 먼저, 저를 길러주신 부모님께 감사드리고 싶습니다.
F_____, I want to thank my parents for raising me.

9 나는 이해될 때까지 그 책을 반복해서 읽었다.
I read the book o_____ till it made sense.

잘 만났다 구문 표현!

10 우리 몇 시에 만날까? W_____ shall we meet?

오늘 무슨 요일이니? W_____ (of the week) is it today?

넌 어떤 종류의 음악을 좋아하니? W_____ of music do you like?

넌 무슨 치수의 옷을 입니? W_____ do you wear?

199

REVIEW TEST

DAY 49

A 다음 표현의 뜻을 우리말로 쓰세요.

1 take turns

2 go wrong

3 prefer A(n) to B(n)

4 see ... off

5 take[have] a look at

6 be (of) no use

7 day and night

8 first of all

9 over and over (again)

10 What time/day/kind/size?

B 다음 문장의 밑줄 친 부분과 의미가 같은 것을 **보기** 에서 고르세요.

보기   again and again   all the time   be useless   look at   most of all

1 This book is (of) no use.
이 책은 전혀 쓸모없다.

2 Take a look at this picture.
이 그림을 보세요.

3 I want to be with you day and night.
난 너와 언제나 함께 있고 싶어.

4 First of all, I'd like to thank you for your kindness.
무엇보다도 먼저, 당신의 친절에 대해 감사드리고 싶습니다.

5 Don't make the same mistake over and over again.
되풀이해서 같은 실수를 저지르지 마라.

C 밑줄 친 부분에 유의하여 우리말로 옮기세요.

The computer went wrong again.

When things go wrong, my dad is patient and strong.

정답 p.283

D 다음 빈칸에 알맞은 말을 보기에서 골라 적절히 고쳐 쓰세요.

> 보기   prefer A to B   see ... off   take turns

1 우리는 빵보다 밥을 더 좋아한다.

We _____ rice _____ bread.

2 그는 그녀를 배웅하기 위해 공항에 갔다.

He went to the airport to _____ her _____.

3 학생들이 교실에서 돌아가며 소리 내어 읽고 있었다.

The students were _____ reading aloud in the classroom.

E 오늘의 구문 표현을 이용하여 문장을 완성하세요.

넌 아침 몇 시에 일어나니?

_____ do you get up in the morning?

축하 · 기원하기

- Congratulations! 축하해!
- Happy birthday to you! 생일 축하해!
- Merry Christmas! 즐거운 성탄이 되렴!
- Happy New Year! 새해 복 많이 받아라!
- Good luck (to you)! 행운을 빌어!
- **Same to you!** 너도!
- I hope you'll be happy. 행복하길 바라.
- **I wish you well!** 잘 지내길 바라!
- Have a nice[great/wonderful] day[vacation]! 좋은 하루[방학] 보내렴!

➕ *Better go back than **go wrong**.* 잘못된 길로 빠지는 것보다 되돌아가는 게 낫다.

DAY 50

`동사 중심 표현`

01 ask for

요구[요청]하다

02 die of

(병, 노령 등으로) 죽다

[비교] die from (부상, 부주의 등으로) 죽다
• 이 구별은 절대적인 게 아님.

03 fail to ⓥ

···하지 못하다

[비교] never[not] fail to ⓥ 꼭[반드시] ···하다

04 pay attention to ⓝ

···에 주의를 기울이다

[비교] attract[catch] one's attention ···의 관심을 끌다

05 put out

(불을) 끄다

[비교] put off 미루다, 연기하다

`형용사 중심 표현`

06 be known as

···로 알려지다

• *as*는 자격(···로서)을 나타냄.
[비교] be (well) known for ···로 (매우) 유명하다
• *for*는 이유(··· 때문에)를 나타냄.
[비교] be known to ⓝ ···에 알려지다
• *to*는 대상(···에)을 나타냄.

`전치사 중심 표현 · 부사어`

07 at the age of

··· 살 때

08 in addition to ⓝ

··· 이외에도, ···에 더하여

[비교] in addition 게다가

09 for years

몇 해 동안[수년간]

ⓨ in years

`잘 만났다 구문 표현!`

10 what + 주어 + 동사

···것, 무엇 ···인지(명사절: 주어·보어·목적어 기능)

핵심 예문

동사 중심 표현

1 그녀는 다른 학생들에게 의견을 요청했다.

She a _____ opinions from other students.

2 그는 노령으로 죽었다. He d _____ old age.

3 편지는 도착하지 못했다. The letter f _____ arrive.

4 그녀는 그가 말하는 것에 주의를 기울이려고 노력했다.

She tried to p _____ what he was saying.

5 우리는 물로 불을 껐다.

We p _____ the fire with water.

형용사 중심 표현

6 그들은 한국에서 온 슈바이처들로 알려져 있다.

They a _____ the Schweitzers from Korea.

전치사 중심 표현 · 부사어

7 그녀는 2018년에 100세의 나이로 죽었다.

She died in 2018 a _____ 100.

8 수프 이외에도, 몇 가지 샐러드가 제공되었다.

I _____ soup, several salads were served.

9 우리는 몇 해 동안 서로 못 봤다.

We haven't seen each other f _____.

잘 만났다 구문 표현!

10 내가 가장 좋아하는 건 음악 듣는 거야.

W _____ I like most is listening to music.

그것이 내가 생각했던 것이다. That's w _____ I thought.

그들은 무엇이 잘못되었는지 알아차렸다.

They noticed w _____ was wrong.

네가 무엇을 해야 하는지에 대해 생각해 봐.

Think about w _____ you should do.

REVIEW TEST

DAY 50

A 다음 표현의 뜻을 우리말로 쓰세요.

1 ask for

2 die of

3 fail to ⓥ

4 pay attention to ⓝ

5 put out

6 be known as

7 at the age of

8 in addition to ⓝ

9 for years

10 what + 주어 + 동사

B 다음 빈칸에 알맞은 말을 보기 에서 골라 적절히 고쳐 쓰세요.

> 보기 ask for   be known as   die of   pay attention to   put out

1 그들은 도움을 요청했다.

They _____ help.

2 그는 시인으로 알려져 있다.

He _____ a poet.

3 그 환자는 암으로 죽었다.

The patient _____ cancer.

4 소방관들이 불을 끄려고 노력했다.

The firemen tried to _____ the fire.

5 너는 선생님이 말씀하시는 것에 주의를 기울여야 한다.

You should _____ what your teacher says.

C 밑줄 친 부분에 유의하여 우리말로 옮기세요.

He <u>failed to</u> solve the problem.

He <u>never fails to</u> keep a diary.

D 다음 빈칸에 알맞은 말을 **보기** 에서 골라 쓰세요.

> **보기**   at the age of   for years   in addition to

1 나는 몇 해 동안 그곳에 가보지 못했다.
  I haven't been there _____.

2 그는 19살에 대 스타가 되었다.
  He became a big star _____ nineteen.

3 그녀는 영어 이외에도 중국어를 할 수 있다.
  She can speak Chinese i_____ English.

E 오늘의 구문 표현을 이용하여 문장을 완성하세요.

남에게 해가 되지 않는다면 우리는 자신이 원하는 것을 할 수 있다.
We can do _____ we want if it doesn't harm others.

격려하기

- Don't worry. 걱정 마.
- **Cheer up!** 기운 내!
- Don't **give up**. 포기하지 마.
- **Take it easy!** You'll do well. 걱정 마. 넌 잘 할 거야.
- Everything will be fine. 모든 게 잘 될 거야.
- **Do your best!** 최선을 다해!
- Don't take it so hard. 너무 심각하게 받아들이지 마.
- **Look on the bright side**. 낙관적으로 보세요.

➕ *Hoping to reach the moon, men **fail to** see the flowers at their feet.*
  달에 이르기를 바라면서도 인간은 자신의 발밑에 피어있는 꽃들은 보지 못한다.

01 come up

다가오다, (떠)오르다, 싹트다

- *come up to* ⓝ ···에게 다가오다
- 비교 come up with 생각해내다

02 fall asleep

잠들다

ⓤ go to sleep

03 get out

나가다

비교 get out of ···에서 나오[가]다, ···에서 내리다

04 put together

모아 만들다[합하다], 조립하다

ⓤ gather, assemble
반 take ... apart (기계 등을) 분해하다

05 slow down

(속도를) 늦추다

06 be free to ⓥ

마음대로[자유롭게] ···하다

07 hand in hand

서로 손 잡고

08 at the bottom of

···의 아래쪽[밑바닥]에

09 in pairs

둘씩 짝지어

비교 a pair of (같은 것 2개로 된) 한 쌍[켤레]의

10 의문사(who/which/where/when/why/how) + 주어 + 동사

···인지(명사절: 주어 · 보어 · 목적어 기능)

1 한 노인이 내게 다가와 돈을 달라고 했다.

An old man c_____ to me and asked for money.

그때 달이 떠올랐다. Then the moon c_____.

2 그는 텔레비전을 보다가 잠들었다.

He f_____ watching TV.

3 그녀는 내게 나가라고 소리쳤다.

She screamed at me to g_____.

4 컴퓨터 예술가가 두 다른 장면을 합성했다.

The computer artist p_____ two different scenes.

5 너희 둘, 속도를 늦춰. 너무 빨리 걷고 있잖아!

S_____, you two. You're walking too fast!

6 그녀는 자신이 좋아하는 어떤 프로그램도 마음대로 선택한다.

She i_____ choose any programs she likes.

7 그들은 서로 손 잡고 춤을 추었다.

They danced h_____.

8 연못 바닥에 진흙이 있다.

There is mud a_____ the pond.

9 우리는 둘씩 짝지어 그 프로젝트를 했다.

We worked i_____ on the project.

10 누가 비행기를 발명했는지 아니?

Do you know w_____ invented the airplane?

어느 게 더 좋은지 말해줘.

Tell me w_____ one is better.

REVIEW TEST

DAY 51

A 다음 표현의 뜻을 우리말로 쓰세요.

1 come up
2 fall asleep
3 get out
4 put together
5 slow down

6 be free to ⓥ
7 hand in hand
8 at the bottom of
9 in pairs
10 의문사＋주어＋동사

B 다음 빈칸에 알맞은 말을 보기 에서 골라 적절히 고쳐 쓰세요.

보기 be free to   fall asleep   get out   put together   slow down

1 그는 재빨리 나갔다.
   He ＿＿＿＿＿＿ quickly.

2 그녀는 소파에서 잠이 들었다.
   She ＿＿＿＿＿＿ on the sofa.

3 네가 하고 싶은 걸 마음대로 해도 좋아.
   You ＿＿＿＿＿＿ do what you like.

4 그는 모형 비행기를 조립하는 것을 좋아한다.
   He likes to ＿＿＿＿＿＿ a model airplane.

5 운전자들은 안개 낀 아침에는 속도를 늦춰야 한다.
   Drivers should ＿＿＿＿＿＿ on the foggy morning.

C 밑줄 친 부분에 유의하여 우리말로 옮기세요.

The sun <u>came up</u> over the mountain.

A foreigner <u>came up</u> and talked to me.

208

D 다음 빈칸에 알맞은 말을 보기 에서 골라 적절히 고쳐 쓰세요.

> 보기　　at the bottom of　　hand in hand　　in pairs

1 그녀와 나는 서로 손 잡고 해변을 걸었다.

　She and I walked on the beach _____.

2 호주는 보통 지도의 아랫부분에 있다.

　Australia is usually _____ a map.

3 선생님은 학생들이 둘씩 짝지어 과제를 하게 했다.

　The teacher let the students work _____ on the assignment.

E 오늘의 구문 표현을 이용하여 문장을 완성하세요.

아무도 그가 언제 올지 모른다.

Nobody knows _____ he will come.

**럴 땐
렇게!**

칭찬하기

- (You did) A good job! Well done! 잘했어!
- Good for you! 잘됐군!
- Excellent! Wonderful! Fantastic! 훌륭해!
- You are a good singer/cook! 노래[요리]를 잘 하시는군요!
- I envy you. 네가 부러워.
- I am proud of you. 네가 자랑스러워.
- The red dress looks really good on you. 그 빨간 드레스는 네게 정말 잘 어울려.
- You do look great today. 너 오늘 멋져 보인다.
- Thank you for saying so. 그렇게 말해줘서 고마워요.

➕ *A child can take apart in 5 minutes the toy it takes an adult 5 hours to **put together**.*
어린아이는 어른이 조립하는 데 5시간 걸리는 장난감을 5분만에 분해할 수 있다.

동사 중심 표현

01 check in

(호텔·공항에서) 투숙[탑승] 수속을 하다

(반) check out (책 등을) 대출하다, (호텔·슈퍼에서) 계산하고 나오다

02 play a role

역할을 하다

(유) play[do] a part

03 pull out

꺼내다, 뽑다

(비교) pull up (차를) 멈추다, 잡아 올리다

04 show up

나타나다

(유) appear, turn up

05 take notes (of)

노트하다[필기하다]

형용사 중심 표현

06 be ashamed of

부끄러워하다

전치사 중심 표현 · 부사어

07 as well

…도 또한, 게다가

(유) too, also, in addition
(비교) A as well as B B뿐만 아니라 A도 역시

08 day after day

날마다, 매일매일

(유) every day

09 a number of

몇몇의[여러]

(유) several, various
(비교) the number of …의 수

잘 만났다 구문 표현!

10 whether ... (or not)

…인지 (아닌지)(명사절), …이든지 (아니든지)(부사절)

핵심 예문

정답 p.284

1 비행 2시간 전에 탑승 수속을 해야 할 필요가 있다.

   You need to c_____ two hours before the flight.

   그는 서울 호텔에 투숙 수속을 했다.

   He c_____ at the Seoul Hotel.

2 학교들은 사회에서 중요한 역할을 한다.

   Schools p_____ important r_____ in society.

3 그는 지갑을 꺼냈다. He p_____ his wallet.

   나는 가시를 뽑았다. I p_____ the thorn.

4 그녀는 오늘 아침 합창 연습에 나오지 않았다.

   She didn't s_____ for choir practice this morning.

5 강의 때 노트했니?

   Did you t_____ at the lecture?

형용사 중심 표현

6 나는 나 자신이 부끄러웠다. I w_____ myself.

전치사 중심 표현 · 부사어

7 그도 갔니?

   Did he go a_____ ?

8 날마다 그들은 뜨거운 태양 아래서 일했다.

   D_____ they worked under the hot sun.

9 공원에 몇몇[여러] 사람들이 있었다.

   There were a_____ people in the park.

잘 만났다 구문 표현!

10 나는 그가 올지 안 올지 모르겠다.

   I don't know w_____ he will come or not.

   그걸 좋아하든지 좋아하지 않든지 넌 해야만 해.

   W_____ you like it or not, you must do it.

211

REVIEW TEST

DAY 52

A 다음 표현의 뜻을 우리말로 쓰세요.

1 check in

2 play a role

3 pull out

4 show up

5 take notes (of)

6 be ashamed of

7 as well

8 day after day

9 a number of

10 whether ... (or not)

B 다음 빈칸에 알맞은 말을 보기 에서 골라 적절히 고쳐 쓰세요.

보기   be ashamed of   check in   show up   take notes of

1 그는 자신의 나쁜 매너에 대해 부끄러워했다.

He _____ his bad manners.

2 그는 7시 반까지 나타나지 않았다.

He didn't _____ until seven thirty.

3 그녀는 선생님이 말한 모든 것을 필기했다.

She _____ everything the teacher said.

4 탑승[투숙] 수속을 하기 위해 기다리는 사람들이 많았다.

There were many people waiting to _____.

C 밑줄 친 부분에 유의하여 우리말로 옮기세요.

1 The dentist pulled out her tooth.

He pulled out a notebook from the bag.

2 A unified Korea will play an important role in the world.

D 다음 문장의 밑줄 친 부분과 의미가 같은 것을 보기 에서 고르세요.

> 보기   every day   several   too

1 <u>Day after day</u> I think of you. 날마다 난 널 생각해.

2 I have visited there <u>a number of</u> times.
나는 그곳을 몇[여러] 번 방문한 적이 있다.

3 She can speak English and Japanese <u>as well</u>.
그녀는 영어를 할 수 있고 일본어도 또한 할 수 있다.

E 오늘의 구문 표현을 이용하여 문장을 완성하세요.

1 나는 그것이 좋은 생각인지 아닌지 확신하지 못하겠다.
I'm not sure _____ it's a good idea or not.

2 이기든 지든 우리는 정정당당히 경기를 해야 한다.
_____ we win or lose, we must play fairly.

이럴 땐 이렇게!

음식 주문
- **May I take your order?=Are you ready to order?** 주문하실래요?
- **Same here.** 저도 같은 걸로 주세요.
- **Anything else?** 그 밖에 다른 건요?
- **Would you like anything[something] to drink?** 마실 것을 드릴까요?
- **For here or to go?** 여기서 드실 건가요, 가지고 가실 건가요?
- **I'll take it out.** 가지고 갈게요.
- **How would you like your steak?** 스테이크를 어떻게 구워드릴까요?
- **Well-done/Medium/Rare, please.** 바싹/중간쯤/살짝 구워주세요.

➕ *He who is afraid of asking **is ashamed of** learning.*
묻는 걸 두려워하는 자는 배움을 부끄러워한다.

동사 중심 표현

01 have a runny nose　　콧물이 나다

02 put up with　　참다
비교 put up 올리다[세우다], 내붙이다

03 set ... free　　풀어주다, 자유롭게 하다

04 seem like　　…인 것 같다[…처럼 보이다]
비교 seem to ⓥ …인 것 같다

05 surf the Internet　　인터넷을 서핑하다

형용사 중심 표현

06 be harmful to ⓝ　　…에 해롭다
비교 do ... harm …에게 해가 되다

전치사 중심 표현 · 부사어

07 for oneself　　스스로[직접], 자신을 위해
비교 by oneself 혼자서, 혼자 힘으로

08 on the other hand　　한편, 반면에

09 (With) best wishes　　행운[성공]을 빌며
• 편지의 끝맺음 말

잘 만났다 구문 표현!

10 if + 주어 + 동사　　…인지(명사절), 만약 …한다면(조건 부사절)

핵심 예문

정답 p.284

동사 중심 표현

1 그녀는 어제 하루 종일 콧물이 났다.
She h_____ all day yesterday.

2 그녀는 고통을 참았다.
She p_____ the pain.

3 그는 죄수를 풀어주었다.
He s_____ the prisoner f_____.

4 그는 좋은 사람처럼 보인다.
He s_____ a good man.

5 너는 인터넷 서핑을 자주 하니?
Do you often s_____?

형용사 중심 표현

6 흡연은 건강에 해롭다.
Smoking i_____ your health.

전치사 중심 표현 · 부사어

7 너는 스스로[직접] 알아내야 해.
You should find out f_____.

8 그는 영리한 반면에 실수를 많이 저지른다.
He is clever, but o_____ he makes many mistakes.

9 행운을 빌며. 네 친구 마이크가.
W_____. Your friend, *Mike*

잘 만났다 구문 표현!

10 내가 그걸 잘 할 수 있을지 확신할 수 없어.
I'm not sure i_____ I can do it well.

네가 TV를 보고 있지 않으면 계속 켜놓지 말아라.
Don't keep your TV on i_____ you're not watching it.

REVIEW TEST

A 다음 표현의 뜻을 우리말로 쓰세요.

1 have a runny nose

2 put up with

3 set ... free

4 seem like

5 surf the Internet

6 be harmful to ⓝ

7 for oneself

8 on the other hand

9 (With) best wishes

10 if＋주어＋동사

B 다음 빈칸에 알맞은 말을 보기 에서 골라 적절히 고쳐 쓰세요.

> 보기 be harmful to   seem like   surf the Internet

1 그는 인터넷 서핑을 즐긴다.

He enjoys _____.

2 그것은 좋은 생각인 것 같다.

It _____ a good idea.

3 그 화학물질은 동식물에게 해롭다.

The chemicals _____ the plants and animals.

C 다음 문장을 우리말로 옮길 때, 빈칸에 알맞은 말을 쓰세요.

1 I can't put up with this noise.

나는 이 소음을 _____.

2 I caught many fish but set them free.

나는 물고기를 많이 잡았지만 _____.

3 My throat is very sore and I have a runny nose.

목이 매우 아프고 _____.

D 다음 빈칸에 알맞은 말을 보기 에서 골라 적절히 고쳐 쓰세요.

> 보기   for oneself   on the other hand   with best wishes

1 너는 스스로 생각하는 것을 배워야 한다.

You should learn to think _____.

2 좋은 매너는 유쾌하고 아름답다. 반면에 나쁜 매너는 불쾌하고 추하다.

Good manners are pleasant and nice. _____, bad manners are
unpleasant and ugly.

3 이제 여기서 이 편지를 끝내야겠어. 곧 네게서 답장을 받기를 고대해. 행운을 빌며, 김수미

Now I must finish this letter here. I look forward to hearing from you soon.
_____, *Sumi Kim*

E 오늘의 구문 표현을 되새기며 빈칸에 공통으로 들어갈 말을 쓰세요.

난 네가 날 도와줄 수 있는지 궁금해. I wonder _____ you can help me.

우리가 다른 사람들에게 정직하고 친절하다면 세상은 더 나아질 거야.

The world will be better _____ we are honest and kind to others.

이럴 땐 이렇게!

식사하기

- **Help yourself to** the *bulgogi*. 불고기 마음껏 드세요.
- This *bulgogi* is delicious. 이 불고기 맛있군요.
- Do you want some more? 더 드실래요?
- Will[Would] you have some more cake? 케이크 좀 더 드실래요?
- Yes, please. But only a little. 네. 조금만 주세요.
- **No, thanks. I'm full[I've had enough].** 아뇨. 고맙지만 배불리 먹었어요.
- **Pass** me the salt, please. 소금 좀 건네주세요.
- **Here you are.** 여기 있어요.

➕ *Do not just believe in anything. Find out the truth **for yourself**.*
아무것도 그냥 믿지 마라. 스스로 진리를 찾아내라.

217

DAY 54

동사 중심 표현

01 come to ⓥ/ⓝ
···하게 되다/···에 이르다, ···이 되다
ⓤ get to ⓥ/ⓝ ···하게 되다/···에 이르다

02 gain[put on]/ lose weight
체중이 늘다/줄다

03 make a fire
불을 피우다

04 make a speech
연설을 하다

05 pay back
(돈을) 갚다, 보복하다
비교 pay for ···의 값을 치르다

형용사 중심 표현

06 be likely to ⓥ
···할 것 같다
• [It is likely that+주어+동사]로도 쓸 수 있음.

전치사 중심 표현 · 부사어

07 a sheet of
한 장의 ···

08 on fire
불이 나서, 불타서

09 on the other side (of)
(···의) 반대쪽[맞은편]에, (···의) 다른 곳에

잘 만났다 구문 표현!

10 that + 주어 + 동사
···것(명사절: 주어·보어·목적어·동격 기능)

218

핵심 예문

정답 p.284

동사 중심 표현

1 샘은 한국을 제2의 고향으로 여기게 되었다.
Sam c＿＿＿＿＿ think of Korea as his second home.

2 나는 체중을 줄이기 위해서 많은 방법을 시도해봤다.
I've tried many ways to l＿＿＿＿＿.

그는 체중이 늘기 시작했다. He began to g＿＿＿＿ [p＿＿＿].

3 우리는 불을 지피기 위해 나뭇가지들을 좀 모았다.
We gathered some branches to m＿＿＿＿.

4 그는 연설하기 위해 일어섰다. He rose to m＿＿＿＿.

5 금요일에 네게 돈을 갚을게.
I'll p＿＿＿＿ you b＿＿＿＿ on Friday.

형용사 중심 표현

6 통증이 더 심해질 것 같다.
The pain i＿＿＿＿ get worse.

전치사 중심 표현 · 부사어

7 종이 한 장 가져도 되나요?
May I have a＿＿＿＿ paper?

8 그녀의 집이 불타고 있어!
Her house is o＿＿＿＿!

9 길 반대편에 은행이 있다.
There's a bank o＿＿＿＿ the road.

잘 만났다 구문 표현!

10 그가 그녀를 사랑한다는 건 사실이다.
It is true t＿＿＿＿ he loves her.

그의 꿈은 모든 사람들이 평등한 권리를 갖게 되는 것이었다.
His dream was t＿＿＿＿ all people would have equal rights.

난 네가 옳다고 믿어.
I believe t＿＿＿＿ you are right.

REVIEW TEST

DAY 54

A 다음 표현의 뜻을 우리말로 쓰세요.

1 come to ⓥ/ⓝ

2 gain[put on]/lose weight

3 make a fire

4 make a speech

5 pay back

6 be likely to-ⓥ

7 a sheet of

8 on fire

9 on the other side (of)

10 that+주어+동사

B 다음 빈칸에 알맞은 말을 보기 에서 골라 적절히 고쳐 쓰세요.

> 보기   be likely to   lose weight   pay back
>   make a speech   make a fire

1 그는 좀 늦게 도착할 것 같다.

He _____ arrive a bit late.

2 불을 피워 무슨 음식인가를 만들자.

Let's _____ and cook something.

3 운동이 체중을 줄이는 가장 좋은 방법이다.

Exercise is the best way to _____.

4 그는 변화의 필요성에 대해서 연설을 했다.

He _____ about the need of change.

5 그녀는 돈을 갚을 수 없었다.

She was not able to _____ the money.

C 밑줄 친 부분에 유의하여 우리말로 옮기세요.

They came to Korea three months ago.

More and more people came to enjoy soccer.

정답 p.285

D 다음 빈칸에 알맞은 말을 보기 에서 골라 쓰세요.

> **보기**   a sheet of   on fire   on the other side of

1 그 건물이 불타고 있었다. The building was _____.

2 나는 쓸 종이 한 장을 달라고 부탁했다.

I asked for _____ paper to write on.

3 강 건너편에 큰 나무들이 많이 있다.

There are tall trees _____ the river.

E 오늘의 구문 표현을 되새기며 빈칸에 공통으로 들어갈 말을 쓰세요.

우리가 세상을 더 좋은 곳으로 만들 수 있다는 것은 확실하다.

It is certain _____ we can make the world a better place.

난 이 책이 재미있고 도움이 되길 바라.

I hope _____ this book is interesting and helpful.

**럴 땐
렇게!**

물건 고르기

- May[Can] I help you? What can I do for you? 뭘 도와 드릴까요?
- I'm **looking for** a jacket. I'd like to buy a jacket. 재킷을 찾고 있어요.
- **How about** this blue one? 이 파란 건 어때요?
- **What size** (do you want[wear])? 치수가 어떻게 되나요?
- May[Can] **I try it on?** 그걸 입어 봐도 될까요?
- **I'll take this one.** 이걸로 살게요.
- I'd like to **have it wrapped**, please? 그것 좀 포장해 주시겠어요?
- Shall I wrap it as a gift? 선물용으로 포장해 드릴까요?

➕ *Don't dig a well to put out a house **on fire**.* 타고 있는 집의 불을 끄려고 우물을 파지 마라.

221

DAY 55

학습일 | 1차: 월 일 | 2차: 월 일

동사 중심 표현

01 cut off

잘라내다, 끊다

[비교] cut down (나무를) 베어 쓰러뜨리다, (수량을) 줄이다

02 fill out

(서식을) 작성하다

[비교] fill in 채우다[메우다]
fill A with B A를 B로 채우다

03 give off

(냄새·빛 등을) 내뿜다, 방출하다

04 prepare for

준비[대비]하다

㊌ be[get] ready for[to ⓥ]

05 end up (ⓥ-ing)

결국 …(하게) 되다

형용사 중심 표현

06 be a big fan of

…의 열혈팬이다, …을 아주 좋아하다

전치사 중심 표현 · 부사어

07 all night (long)

밤새도록

[비교] all day (long) 하루 종일

08 along with

…와 함께, …에 더하여

㊌ together with, in addition to ⓝ

09 in case of

… (발생) 시에는

[비교] in the case of …에 관하여는

잘 만났다 구문 표현!

**10 It be + 강조할 대상
(주어·목적어·부사어)
+ that ...**

…한 것은 바로 ~이다(강조 구문)

핵심 예문

정답 p.285

동사 중심 표현

1 고기에서 비계를 잘라내라.

C _____ the fat o _____ the meat.

수돗물 공급이 끊겼다.

The water supply was c _____ .

2 이 서류들을 작성해서 안내 데스크에 가져가세요.

F _____ these papers, and take them to the information desk.

3 차들이 배기가스를 내뿜는다. The cars g _____ fumes.

4 각 학교 동아리가 다양한 행사를 준비했다.

Each school clubs p _____ various events.

5 그들은 결국 결혼하게 되었다. They e _____ getting married.

형용사 중심 표현

6 나는 당신(들)의 열혈팬이에요. I a _____ yours.

전치사 중심 표현 · 부사어

7 개가 밤새도록 계속 짖어댔다.

The dog kept barking a _____ .

8 우리나라는 북한과 함께 유엔 회원국이 되었다.

Our country became a member of the UN, a _____ North Korea.

9 화재 발생 시에는, 유리를 깨시오.

I _____ fire, break the glass.

잘 만났다 구문 표현!

10 화를 내고 있는 사람은 바로 너야.

I _____ you t _____ are angry.

그들이 싸운 것은 바로 자유를 위해서였다.

I _____ freedom t _____ they fought for.

REVIEW TEST

DAY 55

A 다음 표현의 뜻을 우리말로 쓰세요.

1 cut off

2 fill out

3 give off

4 prepare for

5 end up (ⓥ-ing)

6 be a big fan of

7 all night (long)

8 along with

9 in case of

10 It be + 강조할 대상 + that

B 다음 빈칸에 알맞은 말을 〈보기〉에서 골라 적절히 고쳐 쓰세요.

〈보기〉 be a big fan of end up fill out give off prepare for

1 이 카드를 좀 작성해 주세요.

Please _____ this card.

2 그녀는 한국 대중음악을 아주 좋아한다.

She _____ K-pop music.

3 이 꽃들은 향기를 풍긴다.

These flowers _____ a nice smell.

4 나는 마지막 순간까지도 시험을 준비하지 못했다.

I didn't _____ tests until the last minute.

5 계속 그렇게 하면 너는 곤경에 처하게 될 거야.

Keep on doing that and you'll _____ in trouble.

C 밑줄 친 부분에 유의하여 우리말로 옮기세요.

His little finger was cut off in an accident at the factory.

The telephone was cut off because she didn't pay the bill.

D 다음 빈칸에 알맞은 말을 보기 에서 골라 쓰세요.

보기　　all night　　along with　　in case of

1　그는 밤새도록 컴퓨터 게임을 했다.

He played computer games ＿＿＿＿＿＿＿.

2　비상 시에는 경보 버튼을 누르시오.

＿＿＿＿＿＿＿ emergency, press the alarm button.

3　나는 그에게 생일카드와 함께 선물을 보냈다.

I sent him a present ＿＿＿＿＿＿＿ a birthday card.

E 오늘의 구문 표현을 이용하여 문장을 완성하세요.

전 세계를 통틀어 분단된 채 남아 있는 곳은 바로 한국뿐이야.

Throughout the whole world, ＿＿＿＿＿＿＿ only Korea ＿＿＿＿＿＿＿ remains divided.

가격 흥정 · 계산하기

- The price is too high.=Oh, it's too expensive. 너무 비싸요.
- **Can you give me a discount?** 좀 깎아줄 수 없나요?
- Do you have anything cheaper? 더 싼 것 없어요?
- These are **on sale** right now. 이것들은 지금 세일 중이에요.
- **How much is it?=How much does it cost?=What is the price of it?** 얼마예요?
- It's six thousand three hundred won. 6천 3백원이에요.
- **That'll be $7.** 합해서 7달러예요.
- **Here's your change.** 거스름돈 여기 있어요.

➕ *It is best to **prepare for** a rainy day.* 비 오는 날[어려운 때]을 위해 준비하는 것이 최선이다.

동사 중심 표현

01 come to an end 끝나다

비교 come to ⓥ/ⓝ …하게 되다/…에 이르다, …이 되다

02 hold out 내밀다

비교 hold up 들어 올리다, 떠받치다
hold on 전화를 끊지 않고 기다리다, 붙잡다

03 long for[to ⓥ] 간절히 바라다

유 be anxious[eager] for[to ⓥ]

04 set out 출발하다, 시작하다, (음식 등을) 차려놓다

유 start, leave 출발하다

05 stay up 자지 않고 일어나 있다

형용사 중심 표현

06 be responsible for …에 책임이 있다, …의 원인이 되다

전치사 중심 표현 · 부사어

07 in advance 미리

08 step by step 한 걸음씩, 차근차근

비교 little by little 조금씩, 점차로
one by one 한 명씩[하나씩]

09 from side to side 좌우로

비교 side by side 나란히

잘 만났다 구문 표현!

10 It takes (A) 시간 to ⓥ (A가) …하는 데 시간이 걸리다

핵심 예문

정답 p.285

동사 중심 표현

1 전쟁이 마침내 끝났다. The war c_____ at last.

2 그녀가 컵을 잡으려고 손을 내밀었다.
   She h_____ her hand to take the cup.

3 그녀는 그에게 말을 걸 수 있는 기회를 간절히 바란다.
   She l_____ the chance to speak to him.

   그는 그녀를 다시 보기를 간절히 원했다. He l_____ see her again.

4 우리는 시카고로 출발했다. We s_____ for Chicago.

   나는 내 꿈들을 실현시키기 시작했다.
   I s_____ to make my dream come true.

   그는 아침 식사 거리를 차려놓았다. He s_____ the breakfast things.

5 우리는 이야기하면서 밤새 자지 않고 일어나 있었다.
   We s_____ all night, talking.

형용사 중심 표현

6 그는 심각한 실수를 저지른 데 책임이 있다.
   He i_____ making serious mistakes.

   무엇이 화재의 원인이 되었는가? What w_____ the fire?

전치사 중심 표현 · 부사어

7 그는 집세[임대료]를 미리 지불해야 한다. He must pay his rent i_____.

8 서두르지 말고, 차근차근 해라. Don't rush; do it s_____.

9 그녀는 머리를 좌우로 흔들었다. She shook her head f_____.

잘 만났다 구문 표현!

10 걸어서 그곳에 가는 데 다섯 시간이 걸린다.
   I_____ five hours to go there on foot.

   내가 이 보고서를 끝내는 데 3일이 걸렸다.
   I_____ me three days to finish this report.

227

REVIEW TEST

A 다음 표현의 뜻을 우리말로 쓰세요.

1 come to an end

2 hold out

3 long for[to ⓥ]

4 set out

5 stay up

6 be responsible for

7 in advance

8 step by step

9 from side to side

10 It takes (A) 시간 to ⓥ

B 다음 빈칸에 알맞은 말을 보기 에서 골라 적절히 고쳐 쓰세요.

보기   be responsible for   come to an end   hold out

long for   stay up

1 그는 떨리는 손을 내게 내밀었다.

He _____ his trembling hand at me.

2 우리는 우리나라의 통일을 간절히 바란다.

We _____ the unification of our country.

3 너는 자신의 행동에 책임을 져야 한다.

You should _____ your actions.

4 나는 숙제를 마치기 위해서 밤을 샜다.

I _____ all night to finish my homework.

5 전반전이 1대 1로 끝났다.

The first half _____ with the score, 1 to 1.

C 밑줄 친 부분에 유의하여 우리말로 옮기세요.

He <u>set out</u> for London.

She <u>set out</u> some special food for his birthday party.

D 다음 빈칸에 알맞은 말을 [보기]에서 골라 쓰세요.

> [보기]   from side to side   in advance   step by step

1 그는 일을 차근차근 해나갔다.

He did his job _____.

2 그들은 깃발을 좌우로 흔들었다.

They waved the flags _____.

3 만약 네가 올 거라면 미리 내게 알려주렴.

If you are going to come, please let me know _____.

E 오늘의 구문 표현을 되새기며 다음 문장을 우리말로 옮기세요.

It takes me a long time to get out of my bed.

**[럴 땐
렇게!]**

초대하기

- Can you come to my birthday party?
  =I'd like to invite you to my birthday party. 내 생일 파티에 올 수 있니?
- Of course. Sure. Yes, I'd love to. 물론.
- I'd really like to, but I can't. 정말 그러고 싶지만 갈 수 없어.
- **Welcome to my house!** 우리 집에 온 걸 환영해!
- **Have a seat and make yourself at home.** 자리에 앉아 편히 있어.
- Thank you for coming. 와줘서 고마워.
- Thank you for inviting me. 초대해줘서 고마워.

➕ ***Step by step*** *one goes far.* 한 걸음씩 차근차근 가야 멀리 간다.

동사 중심 표현

01 break down

고장 나다, 부수다, 분해하다

비교 break out (전쟁·화재가) 발발[발생]하다

02 bring up

기르다, 양육하다

유 raise 비교 bring about 일으키다, 생기게 하다

03 suffer from

…로 고통받다

04 go across

건너가다, 가로질러 가다

05 look up to ⓝ

존경하다, 우러러보다

유 respect 반 look down on 경멸하다, 낮추어보다
비교 look up 찾아보다, 올려다보다

형용사 중심 표현

06 be sick of

…에 싫증 나다, …에 질리다

유 be tired of, be sick and tired of

전치사 중심 표현 · 부사어

07 all of a sudden

갑자기

유 suddenly, all at once

08 in a second [minute]

곧

유 in a moment

09 in[with] surprise

놀라서

비교 be surprised at …에 놀라다
to one's surprise 놀랍게도

잘 만났다 구문 표현!

10 관계대명사(who· which·that) + 주어 + 동사

…인[하는](형용사절)

230

핵심 예문

정답 p.285

1 내 컴퓨터가 고장 났다.

My computer b_____.

2 그는 조부모에 의해 양육되었다.

He was b_____ by his grandparents.

3 그들은 굶주림과 질병으로 고통받고 있다.

They are s_____ hunger and disease.

4 그들은 보트로 강을 건넜다.

They w_____ a river by boat.

5 나는 그의 용기와 결단력 때문에 그를 존경한다.

I l_____ him for his courage and determination.

동사 중심 표현

형용사 중심 표현

6 난 네 변명들에 질렸다.

I a_____ your excuses.

전치사 중심 표현 · 부사어

7 갑자기 불이 나갔다.

A_____ the lights went out.

8 곧 돌아올게.

I'll be back i_____.

9 그녀는 놀라서 그를 바라보았다.

She looked at him i_____.

잘 만났다 구문 표현!

10 우리는 오존층을 파괴하는 가스 사용을 그만두어야 한다.

We must stop using gases w_____ [t____] destroy the ozone layer.

이것이 내가 가장 좋아하는 사진이다.

This is the picture w_____ [t____] I like best.

REVIEW TEST

A 다음 표현의 뜻을 우리말로 쓰세요.

1	break down	6	be sick of
2	bring up	7	all of a sudden
3	suffer from	8	in a second[minute]
4	go across	9	in[with] surprise
5	look up to ⓝ	10	관계대명사(who·which·that)+주어+동사

B 다음 문장의 밑줄 친 부분과 의미가 같은 것을 [보기]에서 고르세요.

> [보기]　　be tired of　　raise　　respect

1 She brought up her five children alone.
그녀는 혼자서 5명의 아이들을 길렀다.

2 Students should look up to their teacher.
학생들은 선생님을 존경해야 한다.

3 I am sick of eating hamburger every day.
나는 매일 햄버거 먹는 것에 질렸다.

C 다음 빈칸에 알맞은 말을 [보기]에서 골라 적절히 고쳐 쓰세요.

> [보기]　　break down　　go across　　suffer from

1 내 휴대폰이 고장 났다.
My cellular phone _____.

2 환경이 오염으로 고통받고 있다.
The environment is _____ pollution.

3 되돌아가기 위해서 우리는 개울을 건너가야만 했다.
To return, we had to _____ a stream.

D 다음 빈칸에 알맞은 말을 보기 에서 골라 쓰세요.

보기　　all of a sudden　　in a minute　　in surprise

1 그녀는 놀라서 비명을 질렀다.

She cried out ＿＿＿＿＿＿＿.

2 곧 네게 갈게.

I'll be with you ＿＿＿＿＿＿＿.

3 갑자기 비가 거세게 내리기 시작했다.

＿＿＿＿＿＿＿, it began to rain hard.

E 오늘의 구문 표현을 이용하여 문장을 완성하세요.

우리는 인터넷을 통해 멀리 떨어져 있는 친구들과 이야기를 나눌 수 있다.

We can talk through the Internet with friends ＿＿＿＿＿＿＿ are far away.

이럴 땐 이렇게!

질문하기 · 답하기

- May[Can] I ask you a question?=I have a question. 질문해도 될까요?
- Can you tell me why? 왜 그런지 말씀해주시겠어요?
- **What makes you think so?** 왜 그렇게 생각하세요?
- **How come?**=**What for?** 왜?
- **What do you mean?**=What does it mean? 무슨 말씀이죠?
- Any (other) questions? 다른 질문 있나요?
- I have no idea.=I don't know.=I'm not sure. 잘 모르겠어요.
  Who knows?=No one knows. 누가 알겠어요?(아무도 모른다.)

➕ *Look up to yourself if you would have others **look up to** you.*
　다른 사람들이 널 존경하게 하고 싶으면 너 자신을 존경하라[자존심을 가져라].

233

 **DAY 58**

01 begin with

…부터[로] 시작하다

02 come up with

생각해내다

비교 come up 다가오다, (떠)오르다, 싹트다

03 inform A of [about]

A에게 …을 알리다

04 lose/regain one's sight

시력을 잃다/회복하다

05 take an exam

시험을 보다

유 take a test

형용사 중심 표현

06 be anxious to ⓥ [for]

갈망하다[간절히 바라다]

유 be eager to ⓥ[for], long to ⓥ[for]
비교 be anxious about …에 대해 걱정하다

전치사 중심 표현 · 부사어

07 up to ⓝ

…까지, …에 달려 있는[…가 (결정)할 일인]

08 in a row

한 줄로, 연달아

09 one after another

(셋 이상이) 차례로, 잇달아

유 in turn
비교 one after the other (둘이) 차례로, 잇달아

잘 만났다 구문 표현!

10 관계부사(when · where · why · how) + 주어 + 동사

…인[하는](형용사절)

234

핵심 예문

정답 p.286

동사 중심 표현

1 무엇부터 시작할까요? What shall I b_____?

2 어떻게 그런 멋진 생각이 떠올랐니?
How did you c_____ such a brilliant idea?

3 주소 변동을 저희에게 좀 알려주세요.
Please i_____ us o_____ any change of address.

4 그는 6년 전에 시력을 잃었다. He l_____ six years ago.

5 나는 내일 시험을 본다. I'll t_____ tomorrow.

형용사 중심 표현

6 나는 시험 결과를 간절히 알기 바란다.
I a_____ know the result of the test.

전 국민이 평화를 갈망하고 있다.
The whole nation i_____ peace.

전치사 중심 표현 · 부사어

7 그녀는 영어로 10까지 셌다. She counted u_____ ten in English.

우리 있을래 갈래? 그건 네게 달려 있어[네가 결정해].
Shall we stay or go? It's u_____ you.

8 차들이 한 줄로 주차되어 있다. The cars are parked i_____.

그는 연이어 3일 동안 지각했다. He has been late for three days i_____.

9 그들은 차례로 사라졌다.
They disappeared o_____.

잘 만났다 구문 표현!

10 오늘 저녁 내가 일하는 곳으로 와.
Come to the place w_____ I work this evening.

네가 그것을 선택한 이유를 말해봐.
Tell me the reason w_____ you chose that one.

235

REVIEW TEST

DAY 58

A 다음 표현의 뜻을 우리말로 쓰세요.

1 begin with

2 come up with

3 inform A of[about]

4 lose/regain one's sight

5 take an exam

6 be anxious to ⓥ[for]

7 up to ⓝ

8 in a row

9 one after another

10 관계부사＋주어＋동사

B 다음 빈칸에 알맞은 말을 보기 에서 골라 적절히 고쳐 쓰세요.

보기   be anxious to   begin with   come up with   take an exam

1 그는 외국에 가기를 간절히 바란다.

He _____ go abroad.

2 오늘은 6과부터 시작하자.

Let's _____ lesson 6 today.

3 모든 학생들은 시험을 봐야 한다.

All the students have to _____.

4 우리는 새로운 아이디어를 생각해내라고 요구받았다.

We've been asked to _____ some new ideas.

C 밑줄 친 부분에 유의하여 우리말로 옮기세요.

1 The temperature went up to 35°C.

Your future is up to you.

2 The children stood in a row.

Our team won three games in a row.

236

D 다음 문장을 우리말로 옮길 때, 빈칸에 알맞은 말을 쓰세요.

1 He went to inform them of his decision.

그는 _____ 갔다.

2 The blind man lost his sight when he was 2 years old.

그 맹인은 2살 때 _____.

3 They entered the room and went out one after another.

그들은 방에 들어왔다 _____ 나갔다.

E 오늘의 구문 표현을 이용하여 문장을 완성하세요.

1 사람들은 신선한 공기가 만들어지는 숲의 나무들을 베어 넘어뜨린다.

People cut down trees in the forests _____ fresh air is made.

2 우리가 처음 만났던 날을 잊지 마.

Don't forget the day _____ we first met.

**럴 땐
렇게!**

표 예약 · 예매하기

- I'd like to **make a reservation** for two. 두 명 예약하고 싶어요.
- I wonder if I could make a reservation for this Saturday.
  이번 주 토요일로 예약할 수 있나요?
- **It's sold out.** 매진됐습니다.
- How much is a ticket to New York? 뉴욕 행 비행기 표 얼마예요?
- I'd like to have two round-trip tickets. 왕복표 2장 주세요.

➕ *A journey of a thousand miles **begins with** a single step.* 천리 길도 한 걸음부터 시작된다.

동사 중심 표현

01 check out
(책 등을) 대출하다, (호텔·슈퍼에서) 계산하고 나오다, 확인[점검]하다

반 check in (호텔·공항에서) 투숙[탑승] 수속을 하다

02 complain about[of]
…에 대해 불평[항의]하다

03 show off
자랑하다

04 fall off
떨어지다

비교 fall down 넘어지다, 무너지다, 떨어지다

05 make a promise
약속을 하다

비교 keep a promise 약속을 지키다
break a promise 약속을 깨다

형용사 중심 표현

06 be friendly with
…와 사이가 좋다

전치사 중심 표현·부사어

07 due to ⓝ
… 때문에

비교 because of

08 in the center of
…의 중심에

유 in the middle of

09 plenty of
많은, 다수[다량]의

유 many[much], a lot of, a number of, a great deal of

잘 만났다 구문 표현!

10 one ... the other
(둘 중의) 하나 … 나머지 하나

핵심 예문

1 나는 도서관에서 책 한 권을 대출했다. I c_____ a book from the library.

당신은 정오까지 계산을 치르고 나가셔야 합니다.
You have to c_____ until noon.

나는 그의 주소를 확인하기 위해서 전화를 했다.
I made a phone call to c_____ his address.

2 그는 장시간 일해야 하는 것에 대해 불평한다.
He c_____ having to work long hours.

그녀는 소음에 대해 항의했다. She c_____ the noise.

3 자랑하려고 애쓰지 좀 마. Stop trying to s_____.

4 단추가 그녀의 재킷에서 떨어졌다.
A button f_____ her jacket.

5 약속을 했으면 지켜야 한다.
If you m_____, you should keep it.

형용사 중심 표현

6 우리는 그와 친하다. We a_____ him.

전치사 중심 표현 · 부사어

7 그녀는 병 때문에 결근했다.
She was absent from work d_____ illness.

8 그녀는 방 한가운데 서 있었다. She stood i_____ the room.

9 모두를 위해서 많은 음식이 있었다.
There was p_____ food for everyone.

잘 만났다 구문 표현!

10 그는 두 아들이 있는데, 한 명은 교사고 나머지 한 명은 의사다.
He has two sons; o_____ is a teacher, t_____ is a doctor.

한 그룹은 애완동물을 기르는 것을 찬성한다. 나머지 한 그룹은 애완동물 기르는 걸 반대한다.
O_____ group is for keeping pets. T_____ is against keeping pets.

239

REVIEW TEST

DAY 59

A 다음 표현의 뜻을 우리말로 쓰세요.

1 check out

2 complain about[of]

3 show off

4 fall off

5 make a promise

6 be friendly with

7 due to ⓝ

8 in the center of

9 plenty of

10 one … the other

B 다음 빈칸에 알맞은 말을 보기 에서 골라 적절히 고쳐 쓰세요.

보기   be friendly with   complain of   fall off   make a promise
show off

1 지킬 수 없는 약속은 하지 마라.

Don't _____ you can't keep.

2 그는 8미터 높이의 사다리에서 떨어졌다.

He _____ an eight-meter ladder.

3 그녀는 새 드레스를 자랑하고 싶어 한다.

She wants to _____ her new dress.

4 여기 아이들은 서로 사이가 좋다.

The children here _____ one another.

5 몇몇 여성들이 성희롱에 대해 항의했다.

Several women have _____ sexual harassment.

C 밑줄 친 부분에 유의하여 우리말로 옮기세요.

How can I <u>check out</u> this book?

Before you go out of the hotel, you should <u>check out</u>.

정답 p.286

D 다음 문장의 밑줄 친 부분과 의미가 같은 것을 보기 에서 고르세요.

> 보기   a great deal of   because of   in the middle of

1 The hospital is <u>in the center of</u> the city.
그 병원은 도시 중심[한가운데]에 있다.

2 I didn't hurry because I had <u>plenty of</u> time.
나는 시간이 많아서 서두르지 않았다.

3 The accident was <u>due to</u> his careless driving.
그 사고는 그의 부주의한 운전 때문이었다.

E 오늘의 구문 표현을 이용하여 문장을 완성하세요.

나는 두 가지 꿈이 있다. 하나는 세계일주를 하는 것이고, 나머지 하나는 가난한 사람들을 돕는 것이다.

I have two dreams. _____ is to travel around the world, and

_____ is to help the poor.

럴 땐
렇게!

도서관에서 책 빌리기

- I want to borrow some books. 책을 몇 권 빌리고 싶어요.
- Do you have a library card? 대출카드 있어요?
- **How many can I take out?** 얼마나 많이 대출할 수 있죠?
- You can **check out** three. 3권요.
- Please **fill out** this card. 이 카드에 기입해주세요.

➕ *Don't **complain about** something that is given.* 공짜로 얻은 것에 대해 불평하지 마라.

01 look back (on)

(…을) 되돌아보다

02 fill up

가득 채우다[차다]

비교 fill A with B A를 B로 채우다
be filled with …로 가득 차다

03 hold up

들어 올리다, 떠받치다

비교 hold on 전화를 끊지 않고 기다리다, 붙잡다
hold out 내밀다

04 promise to ⓥ

…하기로 약속하다

05 run into

우연히 만나다, …와 충돌하다

비교 run across 우연히 만나다

형용사 중심 표현

06 be familiar with

…을 잘 알다[…에 익숙하다]

비교 be familiar to ⓝ …에게 익숙하다[친숙하다]

전치사 중심 표현 · 부사어

07 at work

일터에서, 일하고 있는

08 by now

지금쯤[이제]

비교 right now 지금 바로[당장]

09 to one's surprise

놀랍게도

• to one's 감정 명사: …하게도
비교 in[with] surprise 놀라서

잘 만났다 구문 표현!

10 It's no use ⓥ-ing   …해봐야 소용없다

비교 be (of) no use 쓸모없다

동사 중심 표현

1 그녀는 자신의 어린 시절을 되돌아봤다.

She l_____ her childhood.

2 차에 기름을 가득 채울까요?

Shall I f_____ the car u_____ with gasoline?

그녀의 눈이 눈물로 가득 찼다.

Her eyes f_____ with tears.

3 그가 시험관을 들어올렸다. He h_____ the test tube.

4 그는 진실을 말하겠다고 약속했다. He p_____ tell the truth.

5 나는 도서관에 가는 도중에 그녀와 우연히 만났다.

I r_____ her on my way to the library.

트럭이 자동차와 부딪쳤다.

A truck r_____ a car.

형용사 중심 표현

6 나는 이 지역을 잘 안다.

I a_____ this area.

전치사 중심 표현 · 부사어

7 아빠는 지금 일터에 계신다.

Dad's a_____ right now.

8 그들은 지금쯤 돌아와야 한다.

They should be back b_____.

9 놀랍게도 그 계획은 성공했다.

T_____, the plan succeeded.

잘 만났다 구문 표현!

10 내게 물어봐야 소용없어. 난 모르거든.

I_____ asking me. I don't know.

REVIEW TEST

DAY 60

A 다음 표현의 뜻을 우리말로 쓰세요.

1 look back (on)

2 fill up

3 hold up

4 promise to ⓥ

5 run into

6 be familiar with

7 at work

8 by now

9 to one's surprise

10 It's no use ⓥ-ing

B 다음 빈칸에 알맞은 말을 보기 에서 골라 적절히 고쳐 쓰세요.

보기　be familiar with　fill up　hold up　look back on　promise to

1 그녀는 한국 문화를 잘 안다.

She _____ Korean culture.

2 그는 우리와 계속 연락하고 지내겠다고 약속했다.

He _____ keep in touch with us.

3 그는 택시를 세우기 위해서 손을 들었다.

He _____ his hand to stop a taxi.

4 언젠가 우리는 이 일을 되돌아보며 웃게 될 거야.

One day we'll _____ this and laugh.

5 저녁 먹기 전에 과자로 배를 채우지 마.

Don't _____ on cookies before dinner.

C 밑줄 친 부분에 유의하여 우리말로 옮기세요.

He ran into his old friend the other day.

The two cars ran into each other on the highway.

정답 p.286

D 다음 빈칸에 알맞은 말을 보기 에서 골라 쓰세요.

> 보기   at work   by now   to one's surprise

1 그는 대부분의 시간을 일터에서 보낸다.

He spends most of time _____.

2 그녀는 지금쯤 집에 왔어야 하는데 (아직 안 왔다).

She should have been home _____.

3 놀랍게도 어머니는 내가 밤에 외출하는 것을 허락했다.

_____, my mother allowed me to go out at night.

E 오늘의 구문 표현을 이용하여 문장을 완성하세요.

버스가 이미 가버려서, 뛰어봐야 소용없다.

The bus has already gone, so _____ running.

이럴 땐 이렇게!

놀라움 표현하기

- I can't believe it. **That's incredible.** 믿을 수 없어.
- I can't believe my eyes. 내 눈을 믿을 수 없어.
- **How amazing! What a surprise!** 놀랍군!
- **Are you kidding?** 농담하니?
- **You're kidding.** 농담하고 있구나.
- **No kidding!** 농담 마!
- Really? 정말?
- **Oh, my goodness!** Oh, my God! 세상에 이럴 수가! 맙소사!
- **I am surprised at** the news. 난 그 소식을 듣고 놀랐어.

➕ *It is no use crying* over spilt milk. 엎질러진 우유를 두고 울어봐야 소용없다.

245

업그레이딩 숙어

 **DAY 01** 학습일 | 1차: 월 일 | 2차: 월 일

동사 중심 표현

01 search for

찾다, 수색[검색]하다

비교 search A for B A에서 B를 찾다
in search of …을 찾아서

02 give it a try

시도하다[한번 해보다]

03 have ... in common

공통으로 …을 갖고 있다

04 make up for

벌충[만회/보상]하다

비교 make up 구성하다, 만들어내다, (이야기를) 지어내다, 화장하다

05 mean to ⓥ

작정하다, 의도하다

비교 be mean to ⓝ(사람) …에게 심술궂게 굴다

06 turn away

돌아서다, (몸을) 딴 데로 돌리다

비교 turn on 켜다
turn off 끄다
turn out …로 드러나다[밝혀지다]
turn into …로 변하다

형용사 중심 표현

07 be thankful for

…에 대해 감사히 여기다

비교 thank A for B A에게 B에 대해 감사하다

전치사 중심 표현 · 부사어

08 in other words

다시 말해서

⑧ namely, that is (to say)

09 in general

일반적으로

⑧ generally

10 in harmony with

…와 조화를 이루어

248

정답 p.287

1 그들은 미아를 찾고 있다.

They are s_____ the lost child.

2 좋아, 한번 해볼게.

All right, I'll g_____.

3 그 두 도시는 공통점이 많다.

The two cities h_____ a lot i_____.

4 나는 더 열심히 공부해서 잃어버린 시간을 벌충하려 노력하고 있다.

I'm trying to m_____ lost time by studying harder.

5 미안해. 널 놀라게 할 의도는 없었어.

Sorry, I didn't m_____ frighten you.

6 누군가와 이야기할 때 눈을 딴 데로 돌리는 것은 예의 바르지 못하다.

It's not polite to t_____ your eyes a_____ when talking to someone.

7 나는 네가 그녀를 위해 한 일에 대해 감사히 여긴다.

I a_____ what you did for her.

8 그들은 그에게 떠나라고 요구했다. 다시 말해서 그는 해고됐다.

They asked him to leave. I_____ he was fired.

9 일반적으로 패스트푸드는 많은 지방과 염분을 가지고 있다.

I_____, fast food has a lot of fat and salt.

10 우리는 자연과 조화를 이루며 살 필요가 있다.

We need to live i_____ nature.

学習일 | 1차: 　월　　일 | 2차: 　월　　일

동사 중심 표현

01 go ahead　　시작하다, (회화에서) 그렇게 해요

02 make a choice　　선택하다

　　　　㊎ choose

03 pick out　　고르다[선발하다], 알아보다[식별하다]

　　　　㊎ choose, select 고르다　distinguish 식별하다
　　　　비교 pick up 집다[줍다], 차에 태우다

04 give ... a ride　　…을 태워 주다

05 provide A with B　　A(사람·사물)에게 B(사물)를 공급[제공]하다

　　　　㊎ supply[furnish] A with B
　　　　　 provide[supply] B(사물) for[to] A(사람·사물)

06 take one's time　　(서두르지 않고) 천천히 하다

형용사 중심 표현

07 be located in[at]　　…에 있다, 위치하다

　　　　㊎ lie in[at]

전치사 중심 표현 · 부사어

08 in reality　　실제는, 사실상

　　　　㊎ in fact

09 no wonder　　…은 당연하다, 놀랄 것도 없다

10 on display　　전시[진열]된

핵심 예문

정답 p.287

동사 중심 표현

1 A: 제가 지금 시작해도 될까요? B: 예, 그렇게 하세요.
   A: May I start now? B: Yes, g_____.

2 우리는 매 순간 선택한다.
   We m_____ every moment.

3 그녀는 가장 좋은 책을 골랐다.
   She p_____ the best book.

4 그는 나를 자기 자전거에 태워 주었다.
   He g_____ on his bike.

5 자원봉사자들이 노숙자들에게 음식을 제공했다.
   Volunteers p_____ the homeless w_____ food.

6 서두를 필요 없다. 천천히 해라.
   There's no need to hurry. T_____.

형용사 중심 표현

7 그의 사무실은 도심에 있다.
   His office i_____ the center of the city.

전치사 중심 표현 · 부사어

8 그녀는 매우 약한 것 같지만, 실제로는 강하다.
   She seems very weak, but i_____ she is strong.

9 많은 시인이 바다와 사랑에 빠지는 건 당연하다.
   N_____ many poets fall in love with the sea.

10 그녀의 작품이 미술관에 전시되어 있다.
    Her work is o_____ at the gallery.

DAY 03

학습일 | 1차: 월 일 | 2차: 월 일

동사 중심 표현

01 cut in line
새치기하다
비교 stand in line 줄을 서다

02 devote oneself to ⓝ
…에 몰두[전념]하다, …에 헌신하다
• 수동태 be devoted to ⓝ
⊛ give oneself to ⓝ

03 keep A from B (ⓥ-ing)
A가 B하는 것을 막다[못하게 하다]
⊛ prevent[stop] A from B(ⓥ-ing)

04 watch one's step
조심해서 걷다[발밑을 조심하다], (행동을) 조심하다

05 take away
없애다[빼앗다], 가져가다[데려가다]

06 give in
굴복하다, 제출하다

형용사 중심 표현

07 be eager for[to ⓥ]
열망하다[간절히 바라다]
⊛ be anxious for[to ⓥ], long for[to ⓥ]

전치사 중심 표현 · 부사어

08 by mistake
실수로
비교 make a mistake 실수하다

09 depending on
…에 따라
비교 depend on …에 의지[의존]하다, …에 달려 있다, 믿다

10 out of breath
숨이 차서

핵심 예문

정답 p.287

동사 중심 표현

1 새치기하지 말고 줄 맨 뒤로 돌아가시오.
Don't c_____ and go back to the end of the line.

2 그는 우주 연구에 전념했다.
He d_____ the study of the universe.

3 나무들은 강이 범람하는 것을 막아줄 수 있다.
Trees can k_____ rivers f_____ overflowing.

4 미끄러우니 조심해서 걸어라.
It's slippery, so w_____.

5 그녀가 칼을 가지고 놀고 있어서, 나는 그녀에게서 그걸 빼앗았다.
She was playing with a knife, so I t_____ it a_____ from her.

6 그들은 결코 굴복하지 않고 계속 싸웠다.
They never g_____ and kept fighting.

이제 시험지를 제출해 주세요.
Please g_____ your examination papers now.

형용사 중심 표현

7 나는 영어 실력을 향상시키기 간절히 바란다.
I a_____ improve my English.

전치사 중심 표현 · 부사어

8 나는 실수로 그의 발을 밟았다.
I stepped on his foot b_____.

9 그녀의 기분은 날씨에 따라 달라진다.
Her moods vary d_____ the weather.

10 버스를 타려고 뛰자 나는 숨이 찼다.
I was o_____ after running for the bus.

동사 중심 표현

01 call up   전화하다

02 calm down   진정시키다, 진정하다

03 go through   겪다

04 have a sore throat   목이 아프다

05 remind A of B   A에게 B를 떠올리게[생각나게] 하다

06 stop A from B (ⓥ-ing)   A가 B하는 것을 막다[못하게 하다]

ⓟ keep[prevent] A from B(ⓥ-ing)

형용사 중심 표현

07 be impressed by[with]   …에 감동받다

전치사 중심 표현 · 부사어

08 by the time (that)   …할 즈음, …할 때까지

09 in return (for)   (…에 대한) 보답으로[대가로]

10 that is (to say)   즉

ⓟ namely, in other words

핵심 예문

정답 p.287

동사 중심 표현

1 그곳에 도착하면 내게 전화해.

C_____ me u_____ when you arrive there.

2 진정하고 내게 무슨 일이 일어났는지 말해 봐.

C_____ and tell me what happened.

3 그는 많은 어려움을 겪었다.

He w_____ many difficulties.

4 나는 목이 아프고 미열이 있다.

I h_____ and a slight fever.

5 그녀는 내게 어머니를 떠올리게 한다.

She r_____ me o_____ my mother.

6 시 당국은 사람들이 공공장소에서 큰 소음을 내지 못하게 한다.

The city s_____ people f_____ making loud noises in public.

형용사 중심 표현

7 관중들은 그의 연설에 감동을 받았다.

The audience w_____ his speech.

전치사 중심 표현 · 부사어

8 그녀가 돌아올 때쯤 그는 기다리는 데 싫증이 나 있다.

B_____ she comes back, he is tired of waiting.

9 당신의 도움에 대한 보답으로 점심을 사드려도 될까요?

Can I buy you lunch i_____ your help?

10 많은 사람들이 '인터넷 서핑', 즉 인터넷상에서 정보를 찾는 일을 즐긴다.

Many people enjoy "surfing the net," t_____, looking for information on the Internet.

동사 중심 표현

01 fit in 잘 어울리다[맞다]

02 divide A into B A를 B로 나누다

비교 be divided into …로 나누어져 있다

03 head for …로 향하다[향해 나아가다]

㊐ be bound for

04 hand out 나누어 주다

비교 hand in 제출하다[내다]

05 put away (보관 장소에) 치우다

비교 put off 미루다, 연기하다   put out 끄다, 내놓다

06 regard A as B A를 B로 여기다[간주하다, 생각하다]

㊐ think of A as B, look (up)on A as B, see A as B,
consider A B

형용사 중심 표현

07 be content with …에 만족하다

㊐ be satisfied with

전치사 중심 표현 · 부사어

08 all at once 갑자기, 모두 동시에[한꺼번에]

㊐ suddenly, (all) of a sudden 갑자기
at the same time 동시에
비교 at once 곧[즉시], 한꺼번에[동시에]

09 except for …을 제외하고

10 as[so] long as ~하기만 하면[~하는 한]

핵심 예문

정답 p.287

동사 중심 표현

1 그녀는 친구들과 잘 어울린다.
She f_____ with her friends.

2 그 케이크를 네 개의 똑같은 조각으로 나누어라.
D_____ the cake i_____ four equal parts.

3 그들은 바다로 향했다.
They h_____ the sea.

4 선생님이 연습 문제지를 나누어 주었다.
The teacher h_____ the worksheets.

5 그는 그릇들을 씻어서 치웠다.
He washed the dishes and p_____ them a_____.

6 나는 그를 신뢰할 만한 친구로 여긴다.
I r_____ him a_____ a faithful friend.

형용사 중심 표현

7 그녀는 지금 자신의 일에 만족한다.
She i_____ her job at the moment.

전치사 중심 표현 · 부사어

8 갑자기 그는 웃음을 터뜨렸다.
A_____ he burst into laughter.

9 그녀는 뱀을 제외하고 모든 동물을 좋아한다.
She likes all the animals e_____ snakes.

10 날씨가 좋기만 하면 우리는 갈 거야.
We will go a_____ the weather is good.

동사 중심 표현

01 cause A to B(ⓥ)

A가 B하게 하다

02 contribute to ⓝ

···에 기여하다

03 fail in

···에 실패하다

반 succeed in ···에 성공하다
비교 fail to ⓥ ···하지 못하다

04 have a cough

기침하다

05 stare at

빤히 보다, 응시하다

비교 look at 바라보다

06 turn out

···로 드러나다[밝혀지다], (전등·수도 등을) 끄다[잠그다]

윤 prove ···로 판명되다
turn off (전등·수도 등을) 끄다[잠그다]

형용사 중심 표현

07 be concerned with

···에 관심이 있다, ···와 관련되다

비교 be concerned about ···에 대해 염려[걱정]하다

전치사 중심 표현 · 부사어

08 a large[huge] amount of

많은 양의

윤 much, plenty of, a great deal of

09 the rest of

···의 나머지[나머지의 ···]

10 what is more

더욱이, 게다가

윤 besides, moreover, in addition

정답 p.287

1 온실 효과는 세계 기후를 더 따뜻해지게 한다.

The greenhouse effect c_____ the world climate t_____
become warmer.

2 그는 세계 평화에 기여했다.

He c_____ world peace.

3 그는 사업에 실패했다.

He f_____ business.

4 나는 기침을 하고 머리가 아프다.

I h_____ and a headache.

5 그녀는 안경 너머로 그를 빤히 쳐다보았다.

She s_____ him over her glasses.

6 그의 진술이 거짓으로 드러났다.

His statement t_____ to be false.

불 좀 꺼주실래요?

Would you t_____ the light?

7 유엔은 전 세계 평화를 위한 많은 일에 관심이 있다.

The UN i_____ many things for peace across the world.

8 지구의 열대우림이 많은 양의 산소를 만들어내고 있다.

The rainforests of the Earth have been producing a_____ oxygen.

9 그녀는 남은 생애 동안 여기서 살았다.

She lived here for t_____ her life.

10 그는 훌륭한 교사인데다가 훌륭한 시인이기도 하다.

He is a good teacher, and w_____, a good poet.

DAY 07

동사 중심 표현

01 carry out 수행[이행]하다

02 catch up with 따라잡다

03 turn down (소리 등을) 낮추다, 거절[거부]하다
반 turn up (소리 등을) 높이다

04 prefer to A(ⓥ) (rather than B(ⓥ)) (B하기보다) A하기를 더 좋아하다
비교 prefer A(ⓝ) to B(ⓝ) B보다 A를 더 좋아하다

05 pull up (차를) 멈추다, 잡아 올리다
비교 pull out 꺼내다, 뽑다

06 work out 운동하다, (문제를) 풀다, (계획을) 세우다, 잘되어 가다

형용사 중심 표현

07 be allowed to ⓥ …하도록 허락[허용]되다
비교 allow A to ⓥ A가 …하도록 허락[허용]하다

전치사 중심 표현 · 부사어

08 by chance 우연히, 뜻밖에
유 by accident

09 in contrast 대조적으로

10 in favor of …에 찬성하여, …을 위하여
유 for
반 against

260

핵심 예문

정답 p.287

1 넌 즉시 그 계획을 수행해야 해.

You must c _____ the plan at once.

2 거북이가 토끼를 따라잡았다.

A turtle c _____ a rabbit.

3 음악 좀 낮추어줄 수 있겠니?

Can you t _____ the music d _____?

그들은 우리의 초대를 거절했다.

They t _____ our invitation.

4 나는 영화를 보는 것보다 책을 읽는 것을 더 좋아한다.

I p _____ read books r _____ watch movies.

5 그는 빨간 신호를 보고 차를 멈췄다.

He p _____ at the red light.

6 건강을 유지하기 위해서는 규칙적으로 운동해라.

W _____ regularly to stay healthy.

그녀는 몇 분 만에 그 어려운 문제를 풀었다.

She w _____ the hard problem in a few minutes.

형용사 중심 표현

7 아이들은 폭력적인 영화를 보도록 허용되어서는 안 된다.

Children should not b _____ watch violent movies.

전치사 중심 표현 · 부사어

8 많은 발견들이 우연히 이루어졌다.

Many discoveries were made b _____.

9 로스앤젤레스의 겨울은 온화하다. 대조적으로 서울의 겨울은 춥고 눈이 많다.

L.A. has mild winters. I _____, winter in Seoul is cold and has a lot of snow.

10 나는 그 계획에 찬성한다.

I am i _____ the plan.

DAY 08

학습일 | 1차: 월 일 | 2차: 월 일

동사 중심 표현

01 breathe in/out

숨을 들이쉬다/내쉬다

비교 take a deep breath 심호흡하다
hold one's breath 숨을 참다

02 go too far

정도가 지나치다

03 cut out

잘라내다[만들다]

비교 cut off 잘라내다, 끊다
cut down (나무를) 베어 쓰러뜨리다, (수량을) 줄이다

04 break the law/ rules

법/규칙을 어기다

반 obey the law/rules 법/규칙을 지키다

05 hand in

제출하다[내다]

유 submit
비교 hand out 나누어 주다   hand in hand 서로 손 잡고

06 use up

다 쓰다

형용사 중심 표현

07 be connected to ⓝ

…에 연결되다

비교 connect A to B A를 B에 연결하다

전치사 중심 표현 · 부사어

08 in particular

특히[특별히]

09 into pieces

산산조각으로

10 regardless of

…에 상관없이

핵심 예문

정답 p.287

동사 중심 표현

1 숨을 깊이 들이쉬고 나서 천천히 내쉬어.
B_____ deeply and b_____ slowly.

2 나는 내가 너무 지나쳤다고 생각한다.
I think I w_____.

3 그녀는 잡지에서 그의 사진을 잘라냈다.
She c_____ his picture from the magazine.

4 그는 법을 어긴 것을 부정했다.
He denied that he had b_____.

규칙을 어기면 너는 벌을 받게 될 거야.
If you b_____ you will be punished.

5 너는 숙제를 제출했니?
Did you h_____ your homework?

6 그는 모든 용돈을 다 썼다.
He u_____ all his allowance.

형용사 중심 표현

7 그 컴퓨터는 인터넷에 연결되어 있다.
The computer i_____ the Internet.

전치사 중심 표현 · 부사어

8 나는 특히 공상과학소설을 아주 좋아한다.
I love science fiction i_____.

9 접시가 깨져 산산조각이 났다.
The plate broke i_____.

10 모든 사람들은 그들의 인종이나 종교, 성별에 상관없이 평등하다.
All people are equal r_____ race, religion, or gender.

동사 중심 표현

01 cooperate with

…와 협력하다

02 expect to ⓥ

…하기를 기대[예상]하다

비교 expect A to ⓥ A가 …하기를 기대[요구]하다[바라다]

03 have respect for

존경하다, 존중하다

㈜ look up to ⋒ 존경하다

04 leave ... behind

두고 오다[가다]

비교 leave ... alone 혼자 놔두다   leave out 빼다

05 lie down

눕다

06 make a (big) difference

(큰) 차이를 만들다[영향이 있다]

㈜ make no[little] difference 차이가 없다, 중요하지 않다

형용사 중심 표현

07 be aware of

~을 알고[눈치채고] 있다

전치사 중심 표현 · 부사어

08 a slice of

얇게 썬 한 조각의

09 for good

영원히

㈜ forever

10 in person

본인이 직접, 몸소

핵심 예문

정답 p.287

동사 중심 표현

1 우리가 서로 협력한다면 세상을 더 나은 곳으로 만들 수 있다.

If we c _____ each other, we can make the world a better place.

2 그는 일등상을 타기를 기대했다.

He e _____ get the first prize.

3 그들은 자신들의 부모님을 존경한다.

They h _____ their parents.

4 그녀는 우산을 두고 왔다.

She l _____ her umbrella b _____ .

5 우리는 풀밭에 누웠다.

We l _____ on the grass.

6 작은 변화가 큰 차이를 만든다.

A small change m _____ .

형용사 중심 표현

7 그들은 위험 요소들을 알고 있다.

They a _____ the dangers.

전치사 중심 표현 · 부사어

8 레몬 한 조각 띄운 차 한 잔 주세요.

May I have a cup of tea with a _____ lemon?

9 우리는 영원히 전쟁을 없애야 한다.

We should get rid of the war f _____ .

10 네가 직접 가서 그에게 말하는 게 나을 거야.

You had better go and speak to him i _____ .

동사 중심 표현

01 come to mind
(갑자기) 생각[기억]나다
비교 come into one's mind 생각이 들다

02 wrap up
싸다[포장하다], 마무리하다

03 pass through
지나가다[통과하다]

04 figure out
이해하다[알아내다], 계산하다

05 wish to ⓥ
…하기를 바라다[소망하다]

06 drive away
차를 타고 떠나다, 떠나게 하다

형용사 중심 표현

07 be willing to ⓥ
기꺼이 …하다

전치사 중심 표현 · 부사어

08 in need
어려운 때, 곤경에 처한

09 no way
조금도 … 않다, (요구 · 제안에 대해) 싫다

10 now (that)
이제 ~이므로[~이기 때문에]

정답 p.287

동사 중심 표현

1 네가 그녀의 이름을 들을 때 무엇이 생각나니?

What c_____ when you hear her name?

2 벌써 선물을 포장했니?

Have you w_____ the present yet?

이 회의를 마무리하자.

Let's w_____ this meeting u_____.

3 기차가 터널을 통과했다.

The train p_____ a tunnel.

4 너는 그것을 하는 법을 이해할 수 있니?

Can you f_____ how to do it?

5 그는 죽기 전에 고향을 보고 싶어 했다.

He w_____ see his hometown before he died.

6 오르는 물가가 고객들을 떠나게 하고 있다.

Rising prices are d_____ customers a_____.

형용사 중심 표현

7 같은 얘기를 기꺼이 두 번 하고 싶어 하기는 해도, 한 번 이상 듣고 싶어 하진 않는다.

We a_____ tell a story twice, but are never willing to hear it more than once.

전치사 중심 표현 · 부사어

8 우리는 곤경에 처한 사람들을 위해 돈을 모았다.

We collected money for people i_____.

9 네 일기 좀 보여줄래? — 안 돼!

Can you show me your diary? — N_____!

10 이제 우리 모두가 여기에 왔으니, 회의를 시작하자.

N_____ we're all here, let's start the meeting.

ANSWER
KEY

DAY 01

핵심 예문

p. 7

1 are going to   2 have to   3 Look at
4 think about[of]   5 want to   6 is
interested in   7 a little, a little   8 a lot
of   9 one of   10 There is, There are

REVIEW TEST

pp. 8-9

A 1 …할 예정이다, …할 것 같다   2 …해야 한다,
…하지 않으면 안 된다   3 보다, 바라보다
4 …에 대해 생각하다, 숙고하다   5 …하고 싶다
6 …에 관심[흥미]이 있다   7 조금(의), 소량(의)
8 많은   9 … 중 하나   10 …이 있다

B 1 wants to   2 looked at   3 is interested
in   4 think of   5 one of

C 그는 조금 피곤해 보인다. 그녀는 약간의 돈을
가지고 있다.

D 1 must   2 many   3 much   4 will

E 1 There is   2 There are

DAY 02

핵심 예문

p. 11

1 enjoy   2 listen to   3 talked about[of]
4 try to   5 would like[love] to   6 are good
for   7 a lot, a lot, a lot   8 each other   9 on
weekends [on the weekend]
10 to, in order to

REVIEW TEST

pp. 12-13

A 1 …하는 것을 즐기다   2 …에 귀를 기울이다,
경청하다   3 …에 관해 말[이야기]하다
4 …하려고 노력하다   5 …하고 싶다   6 …에
유익하다, …에 적합하다   7 매우, (비교급 앞에서)
훨씬, 많은 것   8 서로   9 주말에
10 …하기 위하여(목적)

B 1 would like to   2 listen to   3 talk about

C 1 drawing   2 to be   3 see

D (in order) to

E 1 is good for   2 on weekends [on the
weekend]   3 each other

F 나는 해야 할 많은 것이 있다[할 일이 많다].
어젯밤에 비가 많이 왔다. 과학은 우리 삶을 훨씬
편하게 만들었다.

DAY 03

핵심 예문

p. 15

1 get up   2 go   3 look for   4 look like,
looks like   5 talk to   6 be proud of
7 For example   8 Of course   9 One day,
one day   10 to, to

REVIEW TEST

pp. 16-17

A 1 일어나다   2 …하러 가다   3 찾다
4 …처럼 보이다, …인[일] 것 같다   5 …와
이야기하다, …에게 말을 걸다   6 …을 자랑스럽게
여기다   7 예를 들면   8 물론   9 (과거의) 어느 날,
(미래의) 언젠가   10 …해서, …하니(원인)

B 1 looking for   2 be proud of   3 get up
4 talk to

C swimming

D 눈이 올 것 같다. 그 바위는 곰처럼 보인다.

E 1 Of course   2 One day   3 For example

F 그 소식을 듣고서

DAY 04

핵심 예문

p. 19

1 came back   2 need to   3 picked up,
pick, up   4 take care of   5 wait for
6 is from   7 at school   8 in the future
9 Some of   10 enough to

REVIEW TEST

pp. 20-21

A 1 (…로) 돌아오다   2 …할 필요가 있다
3 집다[줍다], 차에 태우다, (정보 등을) 얻다
4 돌보다   5 기다리다   6 … 출신이다
7 학교에(서)   8 미래에, 앞으로   9 …의 일부
10 …할 만큼 충분히

B 1 is from   2 wait for   3 took care of
4 need to   5 came back to

C 그는 쓰레기를 주웠다. 그는 4시에 친구를 차로 마중
나가 태웠다.

D 1 in the future   2 at school   3 some of

E enough to

DAY 05

1 go to bed   2 heard about[of]
3 made friends with   4 took, to, took,
to   5 thanked, for   6 is able to
7 a few   8 By the way   9 in the morning,
in the afternoon   10 too, to

REVIEW TEST   pp. 24-25

A 1 잠자리에 들다   2 …에 대해 전해 듣다, …의
   소식[소문]을 듣다   3 (…와) 사귀다[친구가
   되다]   4 A를 B로 가져가다[데려가다]
   5 A에게 B에 대해 감사하다   6 …할 수 있다
   7 조금(의), 소수[몇몇](의)   8 그런데
   9 아침/오후/저녁에   10 너무 ~해서 …할 수
   없다(…하기에는 너무 ~하다)
B 1 made friends with   2 are able to
   3 hear about   4 goes to bed
C 1 Thank, for   2 too, to   3 take, to
D 1 in the morning   2 By the way
   3 a few
E 그는 친구가 몇 명 있다. 그는 친구가 거의 없다.

DAY 06

1 comes from, came from   2 go out
3 grew up   4 keep (on)   5 Take off, took
off   6 is good at   7 at night
8 from, to   9 in front of   10 To, to

REVIEW TEST   pp. 28-29

A 1 …의 출신이다, …에서 (나)오다, …에서 유래하다,
   …에서 생기다   2 밖으로 나가다, 외출하다
   3 어른이 되다, 성장하다   4 계속 …하다, 줄곧
   …하다   5 (옷 따위를) 벗다, 이륙하다   6 …에
   능숙하다, 잘하다   7 밤에   8 A에서[부터]
   B까지   9 …의 앞에   10 …하는 것(주어·보어
   기능)
B 1 went out   2 is good at   3 grow up
C 1 계속해서 울어댔다   2 앞에서 만나자
   3 보는 것이 믿는 것이다(봐야 믿게 된다)
D 1 from, to   2 at, in

E 1 그는 재킷을 벗었다. 비행기는 오후 4시에
   이륙했다.   2 나는 한국 출신이다. '스모그'라는
   단어는 스모크(연기)와 포그(안개)에서 유래한다.
   진정한 용기는 다른 사람들을 돌보는 데서
   나온다[생긴다].

DAY 07

1 Come on   2 decided to   3 do my
best   4 got to, got to   5 used to, used
to   6 are full of   7 How about, What
about   8 next time   9 over there, over
here   10 It, to, It, for, to

REVIEW TEST   pp. 32-33

A 1 자, 빨리, 제발, 기운을 내   2 …하기로
   결심[결정]하다   3 최선을 다하다   4 …에
   도착하다/…하게 되다   5 (과거에) …하곤
   했다[이었다]   6 …로 가득 차다   7 …은 어때?
   8 다음번/이번/지난번에   9 저기/ 여기에,
   저쪽/이쪽에   10 (A가) …하는 것은 ~이다
B 1 decided to   2 was full of   3 next
   time   4 over there
C 1 학교에 도착하는 데 얼마나 걸리니? 너희들은
   어떻게 서로 알게 되었니?
   2 그는 주말에 낚시를 하러 가곤 했다. 그 숲에
   예전에는 곰이 살았었다.(지금은 없다.)
D 1 자[기운 내]!, 자[어서]!   2 주차하는 게 어때
   3 최선을 다할 거야
E for, to

DAY 08

1 come in   2 asked, to   3 keep a diary
4 put, into, put, into   5 stop
6 is different from   7 more than
8 most of   9 These days   10 It, of, to

REVIEW TEST   pp. 36-37

A 1 (안으로) 들어가다[오다]   2 A에게 …해달라고
   부탁[요청]하다   3 (습관적으로) 일기를 쓰다

4 A를 B 안에 넣다, A를 B로 옮기다[번역하다]
5 …하는 것을 멈추다   6 …와 다르다   7 …보다
많은[… 이상]   8 …의 대부분   9 요즘   10 A가
…하는 것은 ~이다

B 1 come in   2 keep a diary   3 is different
from

C 1 나는 그녀에게 나를 위해 노래해달라고
부탁했다.   2 그는 말하는 것을 멈췄다. 그는
그녀에게 말을 걸기 위해 멈췄다.   3 그녀는
동전들을 주머니에 넣었다. 그녀는 한국어를 영어로,
영어를 한국어로 번역했다[옮겼다].

D 1 these days   2 Most of   3 more than

E 1 of, to   2 It, of, to

DAY 09
핵심 예문   p. 39

1 bring, to   2 do my homework   3 go
back to   4 help, with   5 sit down
6 is worried about   7 all of   8 between,
and   9 more and more, More and more
10 to, to

REVIEW TEST   pp. 40-41

A 1 A를 B로 가져오다[데려오다]   2 숙제를 하다
3 (…로) 돌아가다   4 A가 B하는 것을 돕다
5 앉다   6 …에 대해 걱정하다   7 …의
모두[모든]   8 A와 B 사이에   9 점점 더
(많은)   10 ~하는 것을 …하다(목적어 기능)

B 1 sat down   2 go back to   3 does her
homework   4 is worried about

C 점점 더 많은 사람들이 소셜 네트워킹 서비스를
사용한다. 한국 대중음악이 전 세계에서 점점 더
인기를 끌고 있다.

D ④(난 널 다시 만나길 바란다.)

E 1 brought, to   2 helped, with   3 all of
4 between, and

DAY 10
핵심 예문   p. 43

1 arrive at, arrived in   2 go up, went up
3 have fun   4 help yourself to   5 Put on,

put on   6 are ready to   7 at home, at
home   8 At last   9 on my way to   10 how
to, what to, where to

REVIEW TEST   pp. 44-45

A 1 …에 도착하다   2 오르다, 올라가다
3 재미있게 놀다   4 (…을) 마음껏 먹다
5 (옷 등을) 입다, (연극 등을) 공연하다   6 …할
준비가 되다, 기꺼이 …하다   7 집에서,
본국에서   8 마침내, 드디어   9 (…로 가는)
도중에   10 어떻게/무엇을/어디에서/언제 …인지

B 1 in   2 at

C 1 went up   2 Help yourself to   3 had
fun   4 was ready to

D 그녀는 새 흰 코트를 입었다. 우리 동아리는 연극을
공연할 예정이다.

E 1 At last   2 at home   3 On my way to

F where to, how to

DAY 11
핵심 예문   p. 47

1 belong to   2 say good-bye
3 seem to   4 took a picture[photo]
5 would rather, would rather, than
6 be late for   7 all over the world
8 right away   9 for free   10 to, to

REVIEW TEST   pp. 48-49

A 1 …에 속하다, …의 것[소유]이다   2 (…에게) 작별
인사를 하다   3 …인 것 같다   4 사진을 찍다
5 (B하느니) 차라리 A하고 싶다, (B보다) A하는 게
낫다   6 …에 늦다, …에 지각하다
7 전 세계에(서)   8 곧, 즉시   9 무료로[공짜로]
10 ~할[하는] …(명사를 꾸며주는 형용사 기능)

B 1 was late for   2 take a picture
3 seems to   4 say good-bye
5 belong to

C 1 차라리 집에 가고 싶어.   2 그걸 하느니 차라리
죽는 게 낫겠다.

D 1 right away   2 for free   3 all over the
world

E 도와줄

DAY 12

핵심 예문 p. 51

1 go to the movies 2 ran away 3 take part in 4 took out, take out 5 throw away 6 is afraid of 7 all day (long) 8 part of 9 such as 10 Winning, sleeping

REVIEW TEST pp. 52-53

A 1 영화 보러 가다 2 도망가다, 달아나다 3 …에 참가하다 4 꺼내다, 대출[인출]하다, (음식을) 싸 갖고 가다 5 내던지다, 버리다 6 …을 두려워하다 7 하루 종일 8 …의 일부 9 B와 같은 A 10 …하는 것(주어·보어 기능)

B 1 going to the movies 2 be afraid of 3 ran away 4 throw away 5 took part in

C 1 Learning 2 drawing

D 1 part of 2 all day (long) 3 such as

E 그녀는 주머니에서 손수건을 꺼냈다. 그녀는 햄버거를 집에서 먹으려고 싸 갖고 갔다.

DAY 13

핵심 예문 p. 55

1 got on 2 get together 3 goes on, went on 4 say hello to 5 stand up 6 is famous for 7 at that time 8 In fact 9 In my opinion 10 reading, saying

REVIEW TEST pp. 56-57

A 1 (탈것에) 타다 2 모이다 3 계속되다[계속하다], (일이) 일어나다 4 …에게 안부를 전하다, …에게 인사하다 5 일어서다 6 …로 유명하다 7 그 때, 그 당시에 8 사실상, 실제로 9 …의 의견[생각]으로는 10 ~하는 것을 …하다(목적어 기능)

B 1 got on 2 stood up 3 say hello to 4 got together 5 is famous for

C ⑤(난 그 책을 읽기를 즐겼다[끝냈다, 멈췄다, 포기했다].)

D 1 At that time 2 In fact 3 In my opinion

E 그 시합은 하루 종일 계속되었다. 그들은 한 시간

동안 이야기를 계속했다.

DAY 14

핵심 예문 p. 59

1 have a good[great] time 2 make noise 3 paid for 4 turned on 5 write down 6 is covered with 7 around the world 8 At first 9 because of 10 are, doing, am, watching

REVIEW TEST pp. 60-61

A 1 즐겁게 지내다 2 소리를 내다, 떠들다 3 …의 값을 치르다, 지불하다 4 (전등·TV 등을) 켜다, (수도·가스 등을) 틀다 5 적어놓다 6 …로 덮여 있다 7 전 세계에 8 처음에 9 … 때문에 10 …하고 있는 중이다(진행형)

B 1 pay for 2 had a good time 3 is covered with

C 1 소리를 내지 마라 2 켜지 않는다 3 적을 수 있다

D 1 At first 2 around the world 3 because of

E 1 is raining 2 was reading

DAY 15

핵심 예문 p. 63

1 find out 2 give up, give up 3 look forward to 4 woke up, wakes, up 5 allow, to 6 felt sorry for 7 After school 8 Last night 9 right now 10 is spoken by, were written by, be finished

REVIEW TEST pp. 64-65

A 1 찾아내다, 알아내다 2 포기[단념]하다, 그만두다 3 …하기를 고대하다 4 깨어나다, 깨우다 5 A가 …하도록 허락[허용]하다 6 유감스럽다, 안됐다, 미안하다 7 방과 후에 8 어젯밤에 9 지금 바로[당장] 10 (…에 의해) ~되다[~지다, ~ 받다, ~ 당하다](수동태)

B 1 give up 2 found out 3 look forward

to   4 felt sorry for
C 1 아침 다섯 시에 좀 깨워 주세요. 봄에는
개구리들이 긴 겨울잠에서 깨어난다. 2 부모님은
내가 주말에만 텔레비전 보는 것을 허락하신다.
D 1 after school   2 last night   3 right now
E 1 is respected   2 were excited

DAY 16
핵심 예문   p. 67

1 came into   2 take a break   3 make it,
make it   4 take a walk   5 tried on
6 is made of   7 at once, at once
8 for a long time   9 next to
10 are being cut, are being killed

REVIEW TEST   pp. 68-69

A 1 ··· 안에 들어오다   2 잠깐 쉬다[휴식을
취하다]   3 시간에 맞추다, 해내다, (서로) 만나기로
하다   4 산책하다   5 (옷 등을) 입어 보다   6 ···로
만들어지다   7 곧[즉시], 한꺼번에[동시에]
8 오랫동안   9 ··· 옆에
10 ···되고 있는 중이다(진행형 수동태)
B 1 take a break   2 try on   3 came into   4
is made of   5 take a walk
C 몇 시에 만날까? 우린 노력하면 해낼 수 있어.
D 1 next to   2 for a long time   3 at once
E is being polluted

DAY 17
핵심 예문   p. 71

1 come true   2 got a good grade
3 Go away   4 made a mistake
5 smiled at   6 were, about to   7 by bus
8 many kinds of   9 Thanks to
10 have lived, Have, been, has, finished

REVIEW TEST   pp. 72-73

A 1 실현되다[이루어지다]   2 좋은/나쁜 성적을
받다   3 (떠나)가다   4 실수하다   5 ···에게 미소
짓다   6 막 ···하려고 하다   7 버스/차/
지하철을 타고   8 많은/모든 종류의

9 ··· 덕택에, ··· 때문에   10 과거부터 현재까지
동작·상태의 계속·경험·완료(현재완료형)
B 1 was about to   2 go away   3 come
true
C 1 has known   2 have met   3 have,
eaten
D 1 many kinds of   2 by bus
3 Thanks to
E 1 실수를 했다   2 좋은 성적을 받았다
3 사람들이 서로에게 미소를 지을 때

DAY 18
핵심 예문   p. 75

1 come over   2 dreamed about[of]
3 hear from   4 hope to   5 Welcome to
6 am tired of   7 and so on[forth]
8 on television[TV]   9 on time
10 have been using, has been waiting

REVIEW TEST   pp. 76-77

A 1 (누구의 집에) 들르다, 건너오다   2 ···에 대해
꿈꾸다   3 ···로부터 연락[편지·전화·전갈]을
받다   4 ···하기를 바라다[희망하다]   5 ···에 온
것을 환영하다   6 ···에 싫증이 나다   7 기타
등등   8 텔레비전에(서)   9 시간을 어기지 않고,
제시간에   10 계속 ···해오고 있는 중이다(완료
진행형)
B 1 hope to   2 come over   3 hearing
from   4 dream about[of]
C 1 한국에 온 것을 환영합니다!   2 난 기다리는 데
싫증이 났어.
D 1 on time   2 on TV   3 and so on
E have been studying

DAY 19
핵심 예문   p. 79

1 Cheer up, cheered, up   2 came out
of   3 went by   4 stop by   5 took a bus
6 is happy with   7 Generally speaking
8 on my own   9 that way, This way
10 have been explored, have been
separated

A 1 기운을 내다, 격려하다   2 …에서 밖으로
   나오다   3 (사람·시간·기회 등이) 지나가다
   4 잠시 들르다   5 버스/택시/지하철을 타다
   6 …로 행복하다[기쁘다], …에 만족하다
   7 일반적으로 말하면   8 혼자 (힘으로)
   9 이런/그런 식으로, 이쪽/저쪽으로   10 …되어
   왔다, …된 적이 있다, …되었다(완료 수동태)
B 1 goes by   2 was happy with
   3 stopped by   4 came out of   5 takes a
   bus
C 차 한 대가 이쪽으로 오고 있다. 이런 식으로 그녀는
   매달 약간의 돈을 저축한다.
D 1 기운을 내   2 혼자 (힘으로)
   3 일반적으로 말하면
E has been divided

1 gets along with   2 happened to,
happened to   3 make sense   4 said to
myself   5 Turn off   6 are supposed to, is
supposed to   7 all the time   8 for a
while   9 millions of   10 had seen, had,
locked

A 1 (…와) 잘 지내다   2 …에게 일어나다/우연히
   …하다   3 말이 되다, 이해가 되다   4 혼잣말을
   하다, 마음속으로 생각하다   5 (전등·TV 등을)
   끄다, (수도·가스 등을) 잠그다   6 …하기로 되어
   있다[…해야 한다]   7 언제나, 항상   8 잠시
   동안   9 수백만의, 무수한   10 과거 어느 시점까지
   동작·상태의 계속·경험·완료 (과거완료)/과거 어느
   시점보다 앞선 때
B 1 said to myself   2 get along with
   3 makes sense   4 Turn off
C 1 나는 엘리베이터 안에서 우연히 그녀를 만났다.
   항상 좋은 일만 당신에게 일어나길 바랍니다.
   2 그 모임은 7시에 끝나기로 되어 있다. 여기서는
   모자를 벗어야 한다.
D 1 for a while   2 millions of   3 all the
   time

E had, started

1 caught a cold   2 dressed up, dressed
up   3 Go straight   4 look around
5 set up   6 is used for   7 a piece of
8 for the first time   9 To tell the truth
10 not only, but (also), as well as

A 1 감기에 걸리다/걸려 있다   2 잘 차려 입다,
   정장하다, 분장하다   3 곧장 가다
   4 돌아[둘러]보다   5 세우다, 설립[설치]하다
   6 …로[…을 위해] 사용되다   7 한 조각의,
   한 개의   8 처음으로   9 사실대로 말하자면
   10 A뿐만 아니라 B도 역시
B 1 have a cold   2 looked around
   3 go straight   4 is used for
C 1 우리는 텐트를 세웠다[쳤다]. 그들은 학교를
   설립하기로 결정했다.   2 핼러윈 날에 미국
   아이들은 유령과 괴물로 분장한다. 설날에
   한국인들은 전통의상으로 차려 입는다.
D 1 To tell the truth   2 a piece of
   3 for the first time
E not only, but also, as well as

1 depend on[upon], depends on[upon]
2 forget to   3 lead to, lead to   4 make a
decision   5 worry about   6 is busy (in)
7 by myself, by yourself   8 far away
9 with a smile   10 both, and, both, and

A 1 …에 의지[의존]하다, …에 달려 있다, 믿다
   2 (미래에) …할 것을 잊어버리다
   3 …에 이르다[…하게 되다]   4 결정을 하다
   5 …에 대해 걱정하다   6 …하느라 바쁘다
   7 혼자서, 혼자 힘으로   8 멀리 (떨어져 있는)

9 미소를 지으며   10 A와 B 둘 다
B 1 worry about   2 make a decision
3 lead to
C 미래 세계는 너희들에게 달려 있다. 그 나라는 관광
산업에 의존한다.
D both, and
E 1 with a smile   2 by myself   3 far away
F 1 개에게 밥 주는 거 잊지 마.   2 그녀는
시험공부를 하느라 바쁘다.

DAY 23
핵심 예문   p. 95

1 believe in   2 come out   3 cut down
4 invited, to   5 spends, on, spent
6 is excited about   7 each of   8 side by
side   9 up and down   10 either,
or, neither, nor

REVIEW TEST   pp. 96-97

A 1 …의 존재를 믿다, 좋다고 믿다   2 나오다
3 (나무를) 베어 쓰러뜨리다, (수량을) 줄이다
4 A를 …에 초대하다/A에게 …하기를 청하다
5 …에 돈을 쓰다[시간을 보내다]
6 …에 흥분하다[들뜨다]   7 각각, 각자
8 나란히   9 위아래로, 이리저리
10 A 또는 B/A도 B도 아닌
B 1 believe in   2 were excited about
3 come out   4 cut down
C 1 그들은 그를 파티에 초대했다. 우리는 그녀에게
우리와 함께 저녁식사 하기를 청했다.
2 그녀는 책을 사는 데 많은 돈을 쓴다. 그는
독서하면서 많은 시간을 보낸다.
D 1 Each of   2 side by side   3 up and
down
E 1 either, or   2 neither, nor

DAY 24
핵심 예문   p. 99

1 clean up[out]   2 hurry up   3 Make sure,
Make sure   4 put up, put up, put up
5 ran across, ran across   6 is divided

into   7 at least   8 at the same time
9 instead of   10 not, but

REVIEW TEST   pp. 100-101

A 1 청소하다   2 서두르다   3 확인하다, 확실히
…하다   4 올리다[세우다], 내붙이다   5 뛰어
건너다, 우연히 만나다   6 …로 나누어져 있다
7 적어도   8 동시에   9 … 대신에   10 A가 아니라
B
B 1 cleaned up   2 is divided into
3 Hurry up   4 ran across   5 Make sure
C 그는 가게 앞에 표지판을 세웠다. 그녀는 질문에
답하기 위해서 손을 들었다.
D 1 at the same time   2 at least
3 instead of
E not, but

DAY 25
핵심 예문   p. 103

1 Hold on   2 make money   3 make up,
made up   4 ran after   5 wash the
dishes   6 is filled with   7 a pair of
8 again and again   9 From now on
10 not, at all, not, at all

REVIEW TEST   104-105

A 1 (전화를 끊지 않고) 잠시 기다리다   2 돈을
벌다   3 구성하다, 만들어내다, (이야기를)
지어내다, 화장하다   4 뒤쫓다   5 설거지하다
6 …로 가득 차다   7 (같은 것 2개로 된) 한
쌍[켤레]의   8 몇 번이고, 되풀이해서
9 지금부터 계속   10 전혀 … 아니다
B 1 ran after   2 make money
3 washed the dishes   4 is filled with
5 Hold on
C 11명의 선수가 한 팀을 구성한다. 그녀는 아주
훌륭한 동화 한 편을 만들어냈다[지어냈다].
D 1 a pair of   2 again and again
3 From now on
E not, at all

DAY 26

핵심 예문 p. 107

1 called out   2 cares about   3 laugh
at, laughed at   4 made a plan
5 passed by   6 is worth   7 a couple of
8 a kind of   9 at the end of
10 not, any longer[more], no longer [more]

REVIEW TEST pp. 108-109

A 1 큰 소리로 부르다[외치다]   2 걱정[염려]하다,
  ···에 마음[신경] 쓰다   3 비웃다, 보고[듣고]
  웃다   4 계획을 세우다   5 지나가다, (시간이)
  지나다   6 ···할 가치가 있다   7 둘의, 몇몇의
  8 일종의   9 ···의 끝에   10 더 이상 ··· 않다

B 1 laughed at   2 called out   3 passed by

C 1 읽을 만한 가치가 있다   2 계획을 세웠다
  3 신경을 써야 한다

D 1 a kind of   2 at the end of
  3 A couple of

E 1 no longer[more]   2 not, any
  longer[more]

DAY 27

핵심 예문 p. 111

1 agree with   2 cried out   3 do a good
job   4 enjoyed myself   5 made up my
mind   6 are curious about   7 a long time
ago   8 all the way   9 in the middle of
10 not always, Not every, All, not

REVIEW TEST pp. 112-113

A 1 ···에(게) 동의하다, ···와 (의견이) 일치하다, ···에
  맞다   2 큰 소리로 외치다   3 일을 잘 해내다
  4 즐겁게 지내다   5 결심[결정]하다
  6 ···을 궁금해하다   7 오래전에, 옛날에
  8 내내[줄곧]   9 ···의 한가운데[도중]에
  10 언제나 ···인 것은 아니다(부분 부정)

B 1 call out   2 decide to   3 have a good
  time

C 1 잘했어   2 난 네 말에 동의하지 않아
  3 궁금해한다

D 1 all the way   2 in the middle of

3 A long time ago
E not always

DAY 28

핵심 예문 p. 115

1 have a chance to   2 plan to   3 Take it
easy, Take it easy   4 turned around
5 works for   6 are, known to   7 in a
hurry   8 In the past   9 one another
10 made, work, had, go, Let, introduce

REVIEW TEST pp. 116-117

A 1 ···할 기회를 갖다   2 ···할 계획이다
  3 쉬엄쉬엄하다, 진정하다, (작별 인사) 안녕
  4 돌아서다, 돌다[돌리다]   5 ···을 위해 일하다,
  ···에 근무하다   6 ···에 알려져 있다   7 서둘러,
  급히   8 과거에   9 서로   10 ···에게 ~를
  시키다[하게 하다]

B 1 is known to   2 works for   3 plan to
  4 have a chance to

C 달은 지구를 돈다. 그녀는 돌아서서 울기 시작했다.

D ①

E 1 one another   2 in a hurry   3 In the
  past

F Take it easy

DAY 29

핵심 예문 p. 119

1 finished   2 went to sleep   3 have a
headache   4 leave for   5 mind
6 is known for, is well known for
7 after all   8 in time   9 Most of all
10 had[got], repaired, had[got], broken

REVIEW TEST pp. 120-121

A 1 ···하는 것을 끝마치다   2 잠들다   3 머리가
  아프다   4 ···을 향해 떠나다[출발하다]
  5 ···하는 것을 꺼리다   6 ···로 (매우) 유명하다
  7 결국, 어쨌든   8 때를 맞춰, 늦지 않게
  9 무엇보다도   10 ···가 ~되게 하다, ···를 ~ 당하다

B 1 writing   2 closing

C 1 had a headache 2 leave for 3 is well known for 4 go to sleep
D 1 in time 2 after all 3 Most of all
E ②

핵심 예문   p. 123

1 bring about 2 give a big hand
3 have no idea 4 pointed to
5 turned, into 6 is made up of
7 a group of 8 far from 9 in trouble
10 So am I, So did I, Neither am I, Neither can I

REVIEW TEST   pp. 124-125

A 1 일으키다, 생기게 하다 2 (…에게) 박수갈채를 보내다 3 전혀 모르다 4 가리키다 5 A를 B로 바꾸다 6 …로 이루어지다[구성되다] 7 한 무리의, 한 떼의 8 …로부터 먼[멀리], 결코 …이 아닌 9 곤경에 빠진 10 …도 또한 그렇다[그렇지 않다]
B 1 have no idea 2 in trouble
3 a group of 4 are made up of
5 point to
C 그의 집은 학교에서 멀다. 그 문제는 결코 쉽지 않다.
D 1 내게 박수갈채를 보냈다 2 개구리로 변하게 했다 3 커다란 변화를 일으켰다
E 1 So do I 2 Neither can I

핵심 예문   p. 127

1 gets back, get, back 2 looked into, look into 3 move to[into] 4 stand in line
5 Turn right/left 6 is over 7 As a result
8 for sale 9 in many ways 10 so, that, so, that

REVIEW TEST   pp. 128-129

A 1 돌아오다[가다], 되돌려 받다 2 들여다보다, 조사하다 3 …로 이사[이동]하다 4 줄을 서다 5 우/좌회전을 하다 6 끝나다

7 결과적으로 8 팔려고 내놓은, 판매용인
9 여러/몇 가지 면에서 10 너무 ~해서 …하다 (결과)
B 1 was over 2 turn left 3 moved to
4 stand in line
C so, that
D 1 As a result 2 in many ways
3 for sale
E 1 그녀는 파리에서 곧 돌아올 거야. 그는 그녀에게서 책을 되돌려 받았다. 2 그녀는 거울을 들여다보았다. 경찰은 사고의 원인을 조사했다.

핵심 예문   p. 131

1 fell down 2 fell in love with
3 sound like 4 took a trip to
5 Watch out 6 is made from 7 As you know 8 here and there 9 on foot 10 so that, so that

REVIEW TEST   pp. 132-133

A 1 넘어지다, 무너지다, 떨어지다 2 (…와) 사랑에 빠지다 3 …처럼 들리다, …인 것 같다
4 (…을) 여행하다 5 (…을) 조심[주의]하다
6 …로 만들어지다 7 너[여러분]도 알다시피
8 여기저기(에) 9 걸어서 10 …하기 위하여, …하도록(목적)
B of, from
C 1 sounds like 2 falling down
3 take a trip to 4 Watch out for
5 fell in love with
D 1 on foot 2 here and there 3 As you know
E so that

핵심 예문   p. 135

1 get married to 2 go on a picnic
3 look out, Look out 4 put off
5 get some rest 6 is popular with
7 Above all 8 for a moment 9 Once

upon a time   10 as, as possible[he could], as, as possible[they can]

REVIEW TEST   pp. 136-137

A 1 (⋯와) 결혼하다   2 소풍/여행을 가다   3 밖을 내다보다, 조심하다   4 미루다, 연기하다
5 좀 쉬다[휴식을 취하다]   6 ⋯에게 인기가 좋다   7 무엇보다도, 특히   8 잠시 동안
9 옛날에   10 가능한 한 ⋯한/하게

B 1 for a while   2 most of all   3 a long time ago

C 1 as, as possible[I can]   2 as, as possible[they could]

D 1 put off   2 go on a picnic   3 got married   4 is popular with   5 get some rest

E 그는 창밖을 내다보았다. 네게 경고했으니 조심해.

DAY 34
핵심 예문   p. 139

1 eat out   2 participated in   3 line up
4 look after   5 take a shower   6 were sold out   7 just around the corner, just around the corner   8 before long   9 for sure
10 as, as, not as[so], as

REVIEW TEST   pp. 140-141

A 1 외식하다   2 ⋯에 참여[참가]하다
3 줄을 서다   4 돌보다   5 샤워/목욕하다
6 다 팔리다, 매진되다   7 길모퉁이를 돌아선 곳에, 바로 가까이에, 바로 다가와 있는
8 머지않아, 곧   9 틀림없이, 확실히
10 ⋯만큼 ~한/⋯만큼 ~하지 않은

B 1 for sure   2 eating out   3 before long   4 took a shower   5 was sold out

C 그 병원은 길모퉁이를 돌아선 곳에 있다. 봄이 바로 다가왔다.

D 1 take care of   2 take part in
3 stand in line

E 1 as, as   2 not as[so], as

DAY 35
핵심 예문   p. 143

1 advised, to   2 do, a favor   3 filled, with   4 Keep in mind   5 take place
6 be angry with[at]   7 at a time   8 on the phone   9 sooner or later   10 three times as, as, three times, than

REVIEW TEST   pp. 144-145

A 1 A에게 ⋯하라고 조언하다   2 ⋯의 부탁을 들어주다, ⋯에게 호의를 베풀다   3 A를 B로 채우다   4 ⋯을 명심[유념]하다   5 (사건 등이) 일어나다, (행사 등이) 열리다   6 ⋯에게 [에 대해] 화를 내다   7 한 번에   8 전화상으로, 통화 중인   9 조만간   10 ⋯의 몇 배 더 ~한

B 1 do, a favor   2 keep, in mind
3 filled, with   4 advised, to

C 끔찍한 사고가 어젯밤에 일어났다. 올림픽 경기는 4년마다 열린다.

D 너 자신의 실수에 대해 남들에게 화내지 마라.

E 1 on the phone   2 at a time
3 sooner or later

F twice as, as, twice, than

DAY 36
핵심 예문   p. 147

1 reached for   2 getting off   3 gave, out, gives out   4 had trouble[difficulty]
5 stand for   6 are similar to   7 After a while   8 less than   9 So far   10 bigger than, much, [a lot, even, far, still]

REVIEW TEST   pp. 148-149

A 1 ⋯로 손을 뻗다   2 (탈것에서) 내리다
3 공개[발표]하다, (소리·빛 등을) 내다, 나눠주다   4 어려움을 겪다   5 나타내다 [의미하다], 지지하다   6 ⋯와 비슷하다
7 잠시 후에, 곧   8 ⋯보다 적은[⋯ 미만]
9 지금까지, 여기까지   10 ⋯보다 (훨씬) 더 ~한

B 1 got off   2 is similar to   3 reached for   4 stands for   5 has trouble

C 그 기계는 큰 소음을 낸다. 인터넷에 네 개인 정보를

공개할 때는 조심해라.
D 1 so far   2 After a while   3 less than
E much[a lot, even, far, still] more
important than

DAY 37
핵심 예문   p. 151

1 come along   2 getting better, getting
better   3 goes around   4 keep in touch
with   5 warm up, warmed up   6 was
satisfied with   7 a little bit   8 the same
as   9 rather than   10 The lower, the more,
the higher, the less

REVIEW TEST   pp. 152-153

A 1 함께 가다[오다]   2 더 좋아지다, (병 등이)
회복되다   3 ⋯ 둘레를 돌다   4 (⋯와) 연락하고
지내다   5 준비 운동을 하다, 따뜻하게 하다
6 ⋯에 만족하다   7 조금   8 ⋯와 같은
9 ⋯보다는[⋯ 대신에]   10 ~하면 할수록 더
⋯하다
B 1 was satisfied with   2 keep in touch
with   3 get better   4 come along
5 goes around
C 그녀는 우유를 데웠다. 그 운동선수는 경주 전에
준비 운동을 했다.
D 1 a little bit   2 rather than   3 the same
as
E The more, the more

DAY 38
핵심 예문   p. 155

1 fill in   2 got lost   3 expect, to
4 send out   5 has an effect on
6 were surprised at   7 a cup of
8 According to   9 for some time
10 darker and darker, worse and worse

REVIEW TEST   pp. 156-157

A 1 채우다[메우다]   2 길을 잃다   3 A가 ⋯하기를
기대[요구]하다[바라다]   4 내보내다, 발송하다

5 ⋯에 영향을 미치다   6 ⋯에 놀라다
7 한 컵/잔의   8 ⋯에 따르면,
⋯에 따라서   9 한동안   10 점점 더 ⋯한
B 1 a cup of   2 a glass of
C 1 was surprised at   2 sent out
3 Fill in   4 get lost
D higher and higher
E 1 네가 나를 이해하기를 바란다   2 우리 생활에 큰
영향을 미쳐왔다   3 한동안 줄을 서야 했다
F 신문에 따르면 어젯밤에 큰 화재가 있었다. 그들은
자신들이 한 일의 양에 따라서 돈을 받을 것이다.

DAY 39
핵심 예문   p. 159

1 hang out   2 prevent, from   3 get out of,
got out of   4 go for a walk
5 give a speech   6 is busy with
7 a great deal of   8 ahead of   9 From time
to time   10 taller than, No, taller than,
tallest

REVIEW TEST   pp. 160-161

A 1 (⋯와) 많은 시간을 보내다   2 A가 ⋯하는 것을
막다   3 ⋯에서 나오[가]다, ⋯에서 내리다
4 산책/드라이브/조깅하러 가다   5 연설을 하다
6 ⋯로 바쁘다   7 (양이) 많은, 다량의
8 ⋯보다 앞에[앞서서]   9 때때로, 가끔
10 가장 ⋯한
B 1 are busy with   2 goes for a walk
3 hang out   4 gave a speech
C 1 그는 택시에서 내렸다. 그들은 서둘러 집에서
나왔다.   2 궂은 날씨가 우리가 출발하는 것을
막았다[궂은 날씨 때문에 우리는 출발하지 못했다].
D 1 sometimes   2 a lot of   3 before
E best, better than, better than

DAY 40
핵심 예문   p. 163

1 cares for   2 giving away   3 went out
of   4 have a talk with   5 ran out of
6 be short of   7 for a minute   8 in the

end   9 In those days   10 What a, What a, How, How

REVIEW TEST   pp. 164-165

A 1 돌보다, 좋아하다   2 거저 주다   3 …에서 밖으로 나가다   4 (…와) 이야기를 나누다
  5 …이 바닥나다, 다 써버리다   6 …가 부족하다
  7 잠시 동안   8 끝내, 마침내   9 그 당시에는, 그때는   10 정말 …구나!(감탄문)

B 1 ran out of   2 gave away   3 go out of   4 have a talk with   5 be short of

C 그는 그녀가 없는 동안 그녀의 애완동물을 돌보았다. 모두가 음악을 좋아하는 건 아니다.

D 1 for a minute   2 in those days
  3 in the end

E 1 What   2 How

DAY 41

핵심 예문   p. 167

1 add, to   2 cannot[can't] help
3 changed (in)to   4 share, with
5 Try   6 is based on   7 across from
8 on sale   9 the other day   10 and, or

REVIEW TEST   pp. 168-169

A 1 B에 A를 더하다[첨가하다]   2 …하지 않을 수 없다   3 …로 바뀌다[변하다]   4 A를 B와 나누다[함께 하다]   5 (시험 삼아) …해보다, 시도하다   6 …에 바탕을 두다, …에 근거하다
  7 …의 맞은편에   8 할인 판매 중인, 판매 중인
  9 일전에[며칠 전에]   10 …해라, 그러면/그렇지 않으면 ~

B 1 changed to   2 added, to
  3 share, with

C 1 바탕을 두고 있다   2 만들어보려고 한다
  3 웃지 않을 수 없었다

D 1 across from   2 on sale   3 The other day

E 1 and   2 or

DAY 42

핵심 예문   p. 171

1 consists of   2 Drop by   3 make fun of   4 shook hands with   5 take pride in
6 is crowded with   7 every[each] time
8 in danger   9 in silence
10 As soon as, as soon as

REVIEW TEST   pp. 172-173

A 1 …로 이루어지다, …로 구성되다
  2 들르다   3 놀리다   4 (…와) 악수하다
  5 자랑스러워하다   6 …로 붐비다
  7 …할 때마다, 언제나[매번]   8 위험에 빠진
  9 조용히, 말없이   10 …하자마자

B 1 made fun of   2 shook hands with
  3 in silence   4 were crowded with
  5 in danger

C 그녀는 언제나[매번] 영어에서 좋은 성적을 얻는다. 그는 그녀를 볼 때마다, 가슴이 심하게 뛴다.

D 1 be proud of   2 stop by   3 be made up of

E as soon as

DAY 43

핵심 예문   p. 175

1 ask, a favor   2 Get in   3 give, a hand
4 protect, from   5 took, apart   6 is made into   7 at the top of   8 For instance   9 In addition   10 Even if[though], Even if[though]

REVIEW TEST   pp. 176-177

A 1 …에게 부탁하다   2 (승용차처럼 작은 것을) 타다   3 (…을) 도와주다   4 A를 B로부터 지키다[보호하다]   5 (기계 등을) 분해하다
  6 …가 되다   7 …의 맨 위에, …의 일등인
  8 예를 들면   9 게다가   10 비록 …일지라도

B 1 give, a hand   2 ask, a favor
  3 took, apart   4 protect, from [against]

C 1 into   2 from

D 1 in addition   2 for instance   3 get in

E 그는 자기 반에서 일등이다. 오늘 날짜를 첫 페이지

맨 위에 적어라.

F Even if[though]

DAY 44
핵심 예문
p. 179

1 broke out 2 died from 3 feel like, feel like 4 hang up 5 Look up
6 is addicted to 7 in public 8 on purpose 9 one by one 10 If, were, wouldn't, If, had, could

REVIEW TEST
pp. 180-181

A 1 (전쟁·화재가) 발발[발생]하다 2 (부상, 부주의 등으로) 죽다 3 …하고 싶다, …라는 느낌이 들다, …인[일] 것 같다 4 전화를 끊다, 걸어두다 5 찾아보다, 올려다보다 6 …에 중독되어 있다[빠져 있다] 7 공개적으로 [사람들이 있는 데서] 8 일부러[고의로] 9 한 명씩[하나씩] 10 ~한다면[이라면] …할 텐데[일 텐데](현재·미래 사실 반대 가정)

B 1 is addicted to 2 broke out 3 die from 4 hang up

C 1 그는 사전에서 단어를 찾아보았다. 위를 쳐다보았을 때 그는 요정을 보았다. 2 난 오늘밤 외출하고 싶지 않아. 그녀는 그곳에 단 하루만 있었는데 일주일처럼 느껴졌다[인 것 같았다].

D 1 in public 2 on purpose 3 One by one

E were

DAY 45
핵심 예문
p. 183

1 looked through, looked through
2 make an effort 3 make good use of
4 see a doctor 5 turns into 6 am used to, got used to 7 a variety of
8 in the distance 9 with joy 10 If, had been, wouldn't have lost, If, had known, could have called

REVIEW TEST
pp. 184-185

A 1 훑어보다, 통해 보다, 뒤지다 2 노력하다 3 (잘) 이용하다 4 진찰을 받다 5 …로 바뀌다[변하다] 6 …에 익숙하다[익숙해지다] 7 여러 가지의[다양한] 8 멀리서 9 기뻐서 10 ~했더라면[였더라면] …했을 텐데[였을 텐데] (과거 사실 반대 가정)

B 1 see a doctor 2 turned into 3 make an effort 4 make good use of

C 1 열쇠구멍을 통해 보지 마. 그녀는 신문 광고를 훑어보았다. 2 그는 차를 운전하는 것에 익숙하다. 이 모든 돈은 전 세계의 집 없는 사람들을 돕기 위해 사용될 것이다.

D 1 with joy 2 a variety of 3 in the distance

E had been

DAY 46
핵심 예문
p. 187

1 focuses on 2 make a reservation
3 make yourself at home 4 set the table 5 turned over 6 was familiar to
7 at noon, at midnight 8 at the beginning of 9 or so 10 as if [though], as if[though]

REVIEW TEST
pp. 188-189

A 1 …에 초점을 맞추다, …에 집중하다 2 예약 하다 3 편안히 하다 4 식탁을 차리다 5 뒤집다, 넘기다 6 …에게 익숙하다[친숙하다] 7 정오/자정에 8 (…의) 처음[초]에 9 (수량 뒤에서) …쯤, 정도 10 마치 …인 것처럼(현재 사실 반대 가정)

B 1 is familiar to 2 make a reservation 3 turned over 4 setting the table

C 1 선생님에게 집중해야 한다 2 편히 있으세요

D 1 at noon 2 or so 3 at the beginning of

E as if[though]

DAY 47

1 get rid of   2 goes abroad   3 make a
call   4 passed away   5 succeeded in
6 is anxious about   7 as far as, as far
as   8 in half   9 little by little   10 wish,
had, wish, could

REVIEW TEST   pp. 192-193

A 1 없애다, 제거하다   2 외국[해외]에 가다
   3 전화하다   4 돌아가시다, 죽다   5 …에
   성공하다   6 …에 대해 걱정[염려]하다
   7 …까지, …하는 한   8 절반으로   9 조금씩,
   점차로   10 …한다면 좋을 텐데(현재 사실 반대
   가정)
B 1 in half   2 little by little   3 succeed
   in   4 make a call   5 go abroad
C 내가 아는 한, 그건 사실이 아니야. 우리는 해변까지
   걸었다.
D 1 remove   2 be worried about
   3 die
E were

DAY 48

1 get his attention   2 fought for, fought
against   3 get well   4 have a seat
5 hit (up)on   6 is scared of   7 As usual
8 on earth, on earth, on earth   9 upside
down   10 How much, How many, How
old, How long

REVIEW TEST   pp. 196-197

A 1 …의 관심을 끌다   2 …을 위해/…에 맞서
   싸우다   3 (병이) 낫다, 회복하다   4 자리에
   앉다   5 생각해내다   6 ~을 무서워하다
   7 여느 때처럼, 평소와 같이   8 지구상,
   (의문문에서) 도대체, (부정문에서) 세상의
   9 거꾸로, (위가 아래로 되게) 뒤집혀
   10 얼마나 많은(양)/많은(수)/나이 든/오래[긴]?
B 1 is scared of   2 as usual
   3 upside down   4 hit (up)on

5 Have a seat
C 너 도대체 뭐 하고 있니? 지구상의 모든 형태의
   생명체는 서로 의존한다.

D 1 자신들의 권리를 위해 싸웠다   2 낫도록
   돕는다   3 우리의 관심을 끈다
E 1 How many   2 How tall   3 How fast

DAY 49

1 took turns   2 go wrong   3 prefer, to
4 saw, off   5 Take a look at, have
a look at   6 is (of) no use   7 day and
night   8 First of all   9 over and over
(again)   10 What time, What day, What
kind, What size

REVIEW TEST   pp. 200-201

A 1 교대로[돌아가며] 하다   2 (일이) 잘 안 되다,
   고장 나다, 길을 잘못 들다   3 B보다 A를 더
   좋아하다   4 배웅[전송]하다   5 보다
   6 쓸모없다   7 밤낮으로, 항상   8 무엇보다도
   먼저[우선]   9 여러 번, 반복해서   10 몇 시/
   무슨 요일/어떤 종류/무슨 치수?
B 1 be useless   2 look at   3 all the
   time   4 most of all   5 again and again
C 컴퓨터가 다시 고장 났다. 일이 잘 안 될 때 아빠는
   참을성 있고 강인하시다.
D 1 prefer, to   2 see, off   3 taking turns
E What time

DAY 50

1 asked for   2 died of   3 failed to
4 pay attention to   5 put out   6 are known
as   7 at the age of   8 In addition to   9 for
years   10 What, what, what, what

REVIEW TEST   pp. 204-205

A 1 요구[요청]하다   2 (병, 노령 등으로) 죽다
   3 …하지 못하다   4 …에 주의를 기울이다

5 (불을) 끄다　6 …로 알려지다　7 … 살 때
8 … 이외에도, …에 더하여　9 몇 해 동안
[수년간]　10 …것, 무엇 …인지(명사절: 주어 ·
보어 · 목적어 기능)

B 1 asked for　2 is known as　3 died
of　4 put out　5 pay attention to

C 그는 그 문제를 풀지 못했다. 그는 꼭[반드시] 일기를
쓴다.

D 1 for years　2 at the age of
3 in addition to

E what

DAY 51
핵심 예문　p. 207

1 came up, came up　2 fell asleep
3 get out　4 put together　5 Slow down
6 is free to　7 hand in hand　8 at the
bottom of　9 in pairs　10 who, which

REVIEW TEST　pp. 208-209

A 1 다가오다, (떠)오르다, 싹트다　2 잠들다
3 나가다　4 모아 만들다[합하다], 조립하다
5 (속도를) 늦추다　6 마음대로[자유롭게]
…하다　7 서로 손 잡고　8 …의 아래쪽
[밑바닥]에　9 둘씩 짝지어　10 …인지
(명사절: 주어 · 보어 · 목적어 기능)

B 1 got out　2 fell asleep　3 are free to
4 put together　5 slow down

C 태양이 산 위로 떠올랐다. 외국인이 내게 다가와
말을 걸었다.

D 1 hand in hand　2 at the bottom of
3 in pairs

E when

DAY 52
핵심 예문　p. 211

1 check in, checked in　2 play an, role
3 pulled out, pulled out　4 show up
5 take notes　6 was ashamed of　7 as
well　8 Day after day　9 a number of
10 whether, Whether

REVIEW TEST　pp. 212-213

A 1 (호텔 · 공항에서) 투숙[탑승] 수속을 하다
2 역할을 하다　3 꺼내다, 뽑다　4 나타나다
5 노트하다[필기하다]　6 부끄러워하다
7 …도 또한, 게다가　8 날마다, 매일매일
9 몇몇의[여러]　10 …인지 (아닌지)(명사절),
…이든지 (아니든지)(부사절)

B 1 was ashamed of　2 show up
3 took notes of　4 check in

C 1 치과의사가 그녀의 이를 뽑았다. 그는 가방에서
공책 한 권을 꺼냈다.　2 통일된 한국은 세계에서
중요한 역할을 할 것이다.

D 1 every day　2 several　3 too

E 1 whether　2 Whether

DAY 53
핵심 예문　p. 215

1 had a runny nose　2 put up with
3 set, free　4 seems like　5 surf the
Internet　6 is harmful to　7 for yourself
8 on the other hand　9 With best
wishes　10 if, if

REVIEW TEST　pp. 216-217

A 1 콧물이 나다　2 참다　3 풀어주다, 자유롭게
하다　4 …인 것 같다[…처럼 보이다]　5 인터넷을
서핑하다　6 …에 해롭다　7 스스로[직접], 자신을
위해　8 한편, 반면에　9 행운[성공]을 빌며
10 …인지(명사절), 만약 …한다면(조건 부사절)

B 1 surfing the Internet　2 seems like
3 are harmful to

C 1 참을 수 없다　2 그것들을 놓아주었다
3 콧물이 난다

D 1 for yourself　2 On the other hand
3 With best wishes

E if

DAY 54
핵심 예문　p. 219

1 came to　2 lose weight, gain[put on]
weight　3 make a fire　4 make a

speech 5 pay, back 6 is likely to
7 a sheet of 8 on fire 9 on the other side
of 10 that, that, that

REVIEW TEST   pp. 220-221

A 1 …하게 되다/…에 이르다, …이 되다
  2 체중이 늘다/줄다 3 불을 피우다 4 연설을
  하다 5 (돈을) 갚다, 보복하다 6 …할 것 같다
  7 한 장의 … 8 불이 나서, 불타서
  9 (…의) 반대쪽[맞은편]에, (…의) 다른 곳에
  10 …것(명사절: 주어 · 보어 · 목적어 · 동격 기능)
B 1 is likely to 2 make a fire 3 lose
  weight 4 made a speech 5 pay back
C 그들은 석 달 전에 한국에 왔다. 점점 더 많은
  사람들이 축구를 즐기게 되었다.
D 1 on fire 2 a sheet of 3 on the
  other side of
E that

핵심 예문   p. 223

1 Cut, off, cut off 2 Fill out 3 give off
4 prepared for 5 ended up 6 am a big
fan of 7 all night (long) 8 along with
9 In case of 10 It is, that[who], It was,
that

REVIEW TEST   pp. 224-225

A 1 잘라내다, 끊다 2 (서식을) 작성하다
  3 (냄새 · 빛 등을) 내뿜다, 방출하다
  4 준비[대비]하다 5 결국 …(하게) 되다
  6 …의 열혈팬이다, …을 아주 좋아하다
  7 밤새도록 8 …와 함께, …에 더하여
  9 … (발생) 시에는 10 …한 것은 바로 ~이다(강조
  구문)
B 1 fill out 2 is a big fan of
  3 give off 4 prepare for 5 end up
C 그의 새끼손가락이 공장에서 사고로 잘렸다. 그녀가
  요금을 내지 않아서 전화가 끊겼다.
D 1 all night 2 In case of 3 along with
E it is, that

핵심 예문   p. 227

1 came to an end 2 held out 3 longs for,
longed to 4 set out, set out, set out
5 stayed up 6 is responsible for, was
responsible for 7 in advance
8 step by step 9 from side to side
10 It takes, It took

REVIEW TEST   pp. 228-229

A 1 끝나다 2 내밀다 3 간절히 바라다
  4 출발하다, 시작하다, (음식 등을) 차려놓다
  5 자지 않고 일어나 있다 6 …에 책임이 있다,
  …의 원인이 되다 7 미리 8 한 걸음씩,
  차근차근 9 좌우로 10 (A가) …하는 데 시간이
  걸리다
B 1 held out 2 long for 3 be responsible
  for 4 stayed up
  5 came to an end
C 그는 런던으로 떠났다[출발했다]. 그녀는 그의 생일
  파티를 위해 특별 음식을 차렸다.
D 1 step by step 2 from side to side
  3 in advance
E 내가 잠자리에서 일어나는 데는 많은 시간이 걸린다.

핵심 예문   p. 231

1 broke down 2 brought up
3 suffering from 4 went across
5 look up to 6 am sick of 7 All of a
sudden 8 in a second[minute] 9 in
surprise 10 which[that], which[that]

REVIEW TEST   pp. 232-233

A 1 고장 나다, 부수다, 분해하다 2 기르다,
  양육하다 3 …로 고통받다 4 건너가다, 가로질러
  가다 5 존경하다, 우러러보다
  6 …에 싫증 나다, …에 질리다 7 갑자기
  8 곧 9 놀라서 10 …인(하는)(형용사절)
B 1 raise 2 respect 3 be tired of
C 1 broke down 2 suffering from
  3 go across

D 1 in surprise   2 in a minute
   3 All of a sudden
E who[that]

DAY 58
핵심 예문   p. 235

1 begin with   2 come up with
3 inform, of   4 lost his sight   5 take an
exam   6 am anxious to, is anxious for
7 up to, up to   8 in a row, in a row   9 one
after another   10 where, why

REVIEW TEST   pp. 236-237

A 1 …부터[로] 시작하다   2 생각해내다
   3 A에게 …을 알리다   4 시력을 잃다/회복하다
   5 시험을 보다   6 갈망하다[간절히 바라다]
   7 …까지, …에 달려 있는[…가 (결정)할 일인]
   8 한 줄로, 연달아   9 (셋 이상이) 차례로,
   잇달아   10 …인[하는](형용사절)
B 1 is anxious to   2 begin with
   3 take an exam   4 come up with
C 1 기온이 35도까지 올라갔다. 너의 미래는 너에게
   달려 있다[네가 결정할 일이다].
   2 아이들이 한 줄로 서 있었다. 우리 팀이 연달아 세
   경기를 이겼다.
D 1 그들에게 그의 결정을 알리기 위해   2 시력을
   잃었다   3 차례로
E 1 where   2 when

DAY 59
핵심 예문   p. 239

1 checked out, check out, check out
2 complains about[of], complained
about[of]   3 show off   4 fell off
5 make a promise   6 are friendly with
7 due to   8 in the center of   9 plenty
of   10 one, the other, One, The other

REVIEW TEST   pp. 240-241

A 1 (책 등을) 대출하다, (호텔·슈퍼에서) 계산하고
   나오다, 확인[점검]하다   2 …에 대해 불평[항의]

하다   3 자랑하다   4 떨어지다   5 약속을 하다
6 …와 사이가 좋다   7 … 때문에
8 …의 중심에   9 많은, 다수[다량]의
10 (둘 중의) 하나 … 나머지 하나
B 1 make a promise   2 fell off   3 show
   off   4 are friendly with   5 complained
   of
C 이 책을 어떻게 대출할 수 있나요? 호텔에서 나가기
   전에 계산해야 해.
D 1 in the middle of   2 a great deal of
   3 because of
E One, the other

DAY 60
핵심 예문   p. 243

1 looked back on   2 fill, up, filled up
3 held up   4 promised to   5 ran into, ran
into   6 am familiar with   7 at work
8 by now   9 To my surprise   10 It's no use

REVIEW TEST   pp. 244-245

A 1 (…을) 되돌아보다   2 가득 채우다[차다]
   3 들어 올리다, 떠받치다   4 …하기로 약속하다
   5 우연히 만나다, …와 충돌하다   6 …을 잘
   알다[…에 익숙하다]   7 일터에서, 일하고 있는
   8 지금쯤[이제]   9 놀랍게도
   10 …해봐야 소용없다
B 1 is familiar with   2 promised to
   3 held up   4 look back on   5 fill up
C 그는 며칠 전에 옛 친구를 우연히 만났다. 차 두 대가
   고속도로에서 서로 충돌했다.
D 1 at work   2 by now   3 To my surprise
E it's no use

중학 필수
미니 영숙어 사전

A

D

E

F

H

P

미니 구문 사전

미니 전치사·부사 사전

미니 회화 사전

MEMO

MEMO

MEMO

MEMO

지은이

김승영
연세대 영어영문학과 / 연세대 교육대학원 영어교육학과
전 계성여고 교사 / '한국 영어 교재 개발 연구소' 대표
[저서]
토익 튜터 트레이닝·업그레이딩(NE능률) / 텝스 튜터 트레이닝·업그레이딩(NE능률)
뜯어먹는 중학 기본 영단어 1200(동아출판사) / 뜯어먹는 중학 영단어 1800(동아출판사)
뜯어먹는 수능 기본 영단어 1800(동아출판사) / 뜯어먹는 수능 만점 영단어 1800(동아출판사)
뜯어먹는 수능 영숙어 1000(동아출판사) / Let's begin TOEIC Bridge 영문법 12갈래(시사영어사) 외 다수

고지영
서강대 영어영문학과 / 서울대 사범대학원 영어교육학과
'한국 영어 교재 개발 연구소' 연구실장
[저서]
뜯어먹는 중학 기본 영단어 1200(동아출판사) / 뜯어먹는 중학 영단어 1800(동아출판사)
뜯어먹는 수능 기본 영단어 1800(동아출판사) / 뜯어먹는 수능 만점 영단어 1800(동아출판사)
뜯어먹는 수능 영숙어 1000(동아출판사)

주니어 능률 VOCA 〈숙어〉

펴 낸 이	주민홍
펴 낸 곳	서울특별시 마포구 월드컵북로 396(상암동) 누리꿈스퀘어 비즈니스타워 10층
	㈜NE능률 (우편번호 03925)
펴 낸 날	2023년 1월 5일 개정판 제1쇄 발행
	2023년 9월 15일 제4쇄
전 화	02 2014 7114
팩 스	02 3142 0356
홈 페 이 지	www.neungyule.com
등 록 번 호	제1-68호
I S B N	979-11-253-4053-9 53740
정 가	12,000원

고객센터

교재 내용 문의 : contact.nebooks.co.kr (별도의 가입 절차 없이 작성 가능)
제품 구매, 교환, 불량, 반품 문의 : 02-2014-7114
☎ 전화문의는 본사 업무시간 중에만 가능합니다.

DAY 01

동사 중심 표현

01	be going to ⓥ	…할 예정이다, …할 것 같다
02	have to ⓥ	…해야 한다, …하지 않으면 안 된다
03	look at	보다, 바라보다
04	think about[of]	…에 대해 생각하다, 숙고하다
05	want to ⓥ	…하고 싶다

형용사 중심 표현

| 06 | be interested in | …에 관심[흥미]이 있다 |

전치사 중심 표현 · 부사어

07	a little	조금(의), 소량(의)
08	a lot of [lots of]	많은
09	one of	…중 하나

잘 만났다 구문 표현!

| 10 | There be ⓝ | …이 있다 |

DAY 02

01	enjoy ⓥ-ing	…하는 것을 즐기다
02	listen to ⓝ	…에 귀를 기울이다, 경청하다
03	talk about[of]	…에 관해 말[이야기]하다
04	try to ⓥ	…하려고 노력하다
05	would like[love] to ⓥ	…하고 싶다

형용사 중심 표현

| 06 | be good for | …에 유익하다, …에 적합하다 |

전치사 중심 표현 · 부사어

07	a lot	매우, (비교급 앞에서) 훨씬, 많은 것
08	each other	서로
09	on weekends [on the weekend]	주말에

잘 만났다 구문 표현!

| 10 | to[in order to] ⓥ | …하기 위하여(목적) |

DAY 03

01	**get up**	일어나다
02	**go ⓥ-ing**	…하러 가다
03	**look for**	찾다
04	**look like**	…처럼 보이다, …인[일] 것 같다
05	**talk to ⓝ**	…와 이야기하다, …에게 말을 걸다

형용사 중심 표현

06	**be[feel] proud of**	…을 자랑스럽게 여기다

전치사 중심 표현 · 부사어

07	**for example**	예를 들면
08	**of course**	물론
09	**one day**	(과거의) 어느 날, (미래의) 언젠가

잘 만났다 구문 표현!

10	감정 형용사 **+ to ⓥ**	…해서, …하니(원인)

DAY 04

동사 중심 표현

01	come back (to ⓝ)	(…로) 돌아오다
02	need to ⓥ	…할 필요가 있다
03	pick up	집다[줍다], 차에 태우다, (정보 등을) 얻다
04	take care of	돌보다
05	wait for	기다리다

형용사 중심 표현

| 06 | be from | … 출신이다 |

전치사 중심 표현 · 부사어

07	at[in] school	학교에(서)
08	in the future	미래에, 앞으로
09	some of	…의 일부

잘 만났다 구문 표현!

| 10 | enough to ⓥ | …할 만큼 충분히 |

DAY 05

01 go to bed   잠자리에 들다

02 hear about[of]   …에 대해 전해 듣다, …의 소식[소문]을 듣다

03 make friends (with)   (…와) 사귀다[친구가 되다]

04 take A to B(n)   A를 B로 가져가다[데려가다]

05 thank A for B   A에게 B에 대해 감사하다

형용사 중심 표현

06 be able to ⓥ   …할 수 있다

전치사 중심 표현 · 부사어

07 a few   조금(의), 소수[몇몇](의)

08 by the way   그런데

09 in the morning/   아침/오후/저녁에
     afternoon/evening

잘 만났다 구문 표현!

10 too ~ to ⓥ   너무 ~해서 …할 수 없다(…하기에는 너무 ~하다)

DAY 06

DAY 07

동사 중심 표현

01	come on	자, 빨리, 제발, 기운을 내
02	decide to ⓥ	…하기로 결심[결정]하다
03	do[try] one's best	최선을 다하다
04	get to ⓝ/ⓥ	…에 도착하다/…하게 되다
05	used to ⓥ	(과거에) …하곤 했다[이었다]

형용사 중심 표현

06	be full of	…로 가득 차다

전치사 중심 표현 · 부사어

07	How[What] about ⓝ[ⓥ-ing]?	…은 어때?
08	next/this/last time	다음번/이번/지난번에
09	over there/here	저기/여기에, 저쪽/이쪽에

잘 만났다 구문 표현!

10	It be ~ (for A) to ⓥ	(A가) …하는 것은 ~이다

7

DAY 08

8

DAY 09

01	bring A to B(ⓝ)	A를 B로 가져오다[데려오다]
02	do one's homework	숙제를 하다
03	go back (to ⓝ)	(…로) 돌아가다
04	help A with B	A가 B하는 것을 돕다
05	sit down	앉다

형용사 중심 표현

| 06 | be worried about | …에 대해 걱정하다 |

전치사 중심 표현 · 부사어

07	all of	…의 모두[모든]
08	between A and B	A와 B 사이에
09	more and more	점점 더 (많은)

잘 만났다 구문 표현!

| 10 | 타동사 + to ⓥ | ~하는 것을 …하다(목적어 기능) |

9

DAY 10

01 arrive at[in]   …에 도착하다

02 go up   오르다, 올라가다

03 have fun   재미있게 놀다

04 help yourself (to ⓝ)   (…을) 마음껏 먹다

05 put on   (옷 등을) 입다, (연극 등을) 공연하다

형용사 중심 표현

06 be[get] ready to ⓥ[for]   …할 준비가 되다, 기꺼이 …하다

전치사 중심 표현 · 부사어

01 at home   집에서, 본국에서

08 at last   마침내, 드디어

09 on one's[the] way
(to ⓝ)   (…로 가는) 도중에

잘 만났다 구문 표현!

10 how/what/where/
when + to ⓥ   어떻게/무엇을/어디에서/언제 …인지

DAY 11

동사 중심 표현

| 01 | **belong to** ⓝ | …에 속하다, …의 것[소유]이다 |

| 02 | **say good-bye (to** ⓝ**)** | (…에게) 작별 인사를 하다 |

| 03 | **seem to** ⓥ | …인 것 같다 |

| 04 | **take a picture[photo]** | 사진을 찍다 |

| 05 | **would rather A (than B)** | (B하느니) 차라리 A하고 싶다, (B보다) A하는 게 낫다 |

형용사 중심 표현

| 06 | **be late for** | …에 늦다, …에 지각하다 |

전치사 중심 표현 · 부사어

| 07 | **all over the world** | 전 세계(에) |

| 08 | **right away** | 곧, 즉시 |

| 09 | **for free** | 무료로[공짜로] |

잘 만났다 구문 표현!

| 10 | ⓝ **+ to** ⓥ | ~할[하는] …(명사를 꾸며주는 형용사 기능) |

DAY 12

동사 중심 표현

01	**go to the movies**	영화 보러 가다
02	**run away**	도망가다, 달아나다
03	**take part in**	…에 참가하다
04	**take out**	꺼내다, 대출[인출]하다, (음식을) 싸갖고 가다
05	**throw away**	내던지다, 버리다

형용사 중심 표현

| 06 | **be afraid of[that]** | …을 두려워하다 |

전치사 중심 표현 · 부사어

07	**all day (long)**	하루 종일
08	**(a) part of**	…의 일부
09	**A such as B**	B와 같은 A

잘 만났다 구문 표현!

| 10 | **ⓥ-ing** | …하는 것(주어·보어 기능) |

DAY 13

01	get on	(탈것에) 타다
02	get together	모이다
03	go on	계속되다[계속하다], (일이) 일어나다
04	say hello to ⓝ	…에게 안부를 전하다, …에게 인사하다
05	stand up	일어서다

형용사 중심 표현

| 06 | be famous for | …로 유명하다 |

전치사 중심 표현 · 부사어

07	at that time	그 때, 그 당시에
08	in fact	사실상, 실제로
09	in one's opinion	…의 의견[생각]으로는

잘 만났다 구문 표현!

| 10 | 타동사 + ⓥ-ing | ~하는 것을 …하다(목적어 기능) |

DAY 14

01 have a good[great] time   즐겁게 지내다

02 make noise   소리를 내다, 떠들다

03 pay for   …의 값을 치르다, 지불하다

04 turn on   (전등·TV 등을) 켜다, (수도·가스 등을) 틀다

05 write down   적어놓다

형용사 중심 표현

06 be covered with   …로 덮여 있다

전치사 중심 표현 · 부사어

07 around the world   전 세계에

08 at first   처음에

09 because of   … 때문에

잘 만났다 구문 표현!

10 be ⓥ-ing   …하고 있는 중이다(진행형)

DAY 15

01	find out	찾아내다, 알아내다
02	give up	포기[단념]하다, 그만두다
03	look forward to ⓥ-ing[ⓝ]	…하기를 고대하다
04	wake up	깨어나다, 깨우다
05	allow A to ⓥ	A가 …하도록 허락[허용]하다

| 06 | be[feel] sorry for [to ⓥ, that절] | 유감스럽다, 안됐다, 미안하다 |

07	after school	방과 후에
08	last night	어젯밤에
09	right now	지금 바로[당장]

| 10 | be + 과거분사 (+ by 행위자) | (…에 의해) ~되다[~지다, ~ 받다, ~당하다](수동태) |

15

DAY 16

동사 중심 표현

01	come into	… 안에 들어오다
02	take[have] a break	잠깐 쉬다[휴식을 취하다]
03	make it	시간에 맞추다, 해내다, (서로) 만나기로 하다
04	take a walk	산책하다
05	try on	(옷 등을) 입어 보다

형용사 중심 표현

| 06 | be made of | …로 만들어지다 |

전치사 중심 표현 · 부사어

07	at once	곧[즉시], 한꺼번에[동시에]
08	for a long time	오랫동안
09	next to ⓝ	… 옆에

잘 만났다 구문 표현!

| 10 | be being + 과거분사 | …되고 있는 중이다(진행형 수동태) |

16

DAY 17

17

DAY 18

동사 중심 표현

01	come over	(누구의 집에) 들르다, 건너오다
02	dream about[of]	…에 대해 꿈꾸다
03	hear from	…로부터 연락[편지·전화·전갈]을 받다
04	hope to ⓥ	…하기를 바라다[희망하다]
05	welcome to ⓝ	…에 온 것을 환영하다

형용사 중심 표현

06	be tired of	…에 싫증이 나다

전치사 중심 표현 · 부사어

07	and so on[forth]	기타 등등
08	on television[TV]	텔레비전에(서)
09	on time	시간을 어기지 않고, 제시간에

잘 만났다 구문 표현!

10	have been ⓥ-ing	계속 …해오고 있는 중이다(완료 진행형)

18

DAY 19

01	cheer up	기운을 내다, 격려하다
02	come out of	…에서 밖으로 나오다
03	go by	(사람·시간·기회 등이) 지나가다
04	stop by	잠시 들르다
05	take a bus/taxi/subway	버스/택시/지하철을 타다

형용사 중심 표현

| 06 | be happy with | …로 행복하다[기쁘다], …에 만족하다 |

전치사 중심 표현·부사어

07	generally speaking	일반적으로 말하면
08	on one's own	혼자 (힘으로)
09	(in) this/that way	이런/그런 식으로, 이쪽/저쪽으로

잘 만났다 구문 표현!

| 10 | have been + 과거분사 | …되어 왔다, …된 적이 있다, …되었다(완료 수동태) |

DAY 20

동사 중심 표현

01	**get along (with)**	(…와) 잘 지내다
02	**happen to** ⓝ/ⓥ	…에게 일어나다/우연히 …하다
03	**make sense**	말이 되다, 이해가 되다
04	**say[talk] to oneself**	혼잣말을 하다, 마음속으로 생각하다
05	**turn off**	(전등·TV 등을) 끄다, (수도·가스 등을) 잠그다

형용사 중심 표현

| 06 | **be supposed to** ⓥ | …하기로 되어 있다[…해야 한다] |

전치사 중심 표현·부사어

07	**all the time**	언제나, 항상
08	**for a while**	잠시 동안
09	**millions of**	수백만의, 무수한

잘 만났다 구문 표현!

| 10 | **had + 과거분사** | 과거 어느 시점까지 동작·상태의 계속·경험·완료 (과거완료), 과거 어느 시점보다 앞선 때 |

20

DAY 21

동사 중심 표현

01	catch[get]/have a cold	감기에 걸리다/걸려 있다
02	dress up	잘 차려 입다, 정장하다, 분장하다
03	go straight	곧장 가다
04	look around	돌아[둘러]보다
05	set up	세우다, 설립[설치]하다

형용사 중심 표현

| 06 | be used for | …로[…을 위해] 사용되다 |

전치사 중심 표현·부사어

07	a piece of	한 조각의, 한 개의
08	for the first time	처음으로
09	to tell the truth	사실대로 말하자면

잘 만났다 구문 표현!

| 10 | not only A but (also) B
=B as well as A | A뿐만 아니라 B도 역시 |

DAY 22

01 depend on[upon] …에 의지[의존]하다, …에 달려 있다, 믿다

02 forget to ⓥ (미래에) …할 것을 잊어버리다

03 lead to ⓝ …에 이르다[…하게 되다]

04 make a decision 결정을 하다

05 worry about …에 대해 걱정하다

06 be busy (in) ⓥ-ing …하느라 바쁘다

07 by oneself 혼자서, 혼자 힘으로

08 far away 멀리 (떨어져 있는)

09 with a smile 미소를 지으며

10 both A and B A와 B 둘 다

DAY 23

동사 중심 표현

01	believe in	…의 존재를 믿다, 좋다고 믿다
02	come out	나오다
03	cut down	(나무를) 베어 쓰러뜨리다, (수량을) 줄이다
04	invite A to ⓝ/ⓥ	A를 …에 초대하다/A에게 …하기를 청하다
05	spend 돈[시간] (on[in]) ⓝ[ⓥ-ing]	…에 돈을 쓰다[시간을 보내다]

형용사 중심 표현

06	be[get] excited about	…에 흥분하다[들뜨다]

전치사 중심 표현 · 부사어

07	each of	각각, 각자
08	side by side	나란히
09	up and down	위아래로, 이리저리

잘 만났다 구문 표현!

10	either A or B neither A nor B	A 또는 B A도 B도 아닌

23

DAY 24

동사 중심 표현

01	clean up[out]	청소하다
02	hurry up	서두르다
03	make sure	확인하다, 확실히 …하다
04	put up	올리다[세우다], 내붙이다
05	run across	뛰어 건너다, 우연히 만나다

형용사 중심 표현

| 06 | be divided into | …로 나누어져 있다 |

전치사 중심 표현 · 부사어

07	at least	적어도
08	at the same time	동시에
09	instead of	… 대신에

잘 만났다 구문 표현!

| 10 | not A but B | A가 아니라 B |

24

DAY 25

동사 중심 표현

01 hold on (전화를 끊지 않고) 잠시 기다리다

02 make money 돈을 벌다

03 make up 구성하다, 만들어내다, (이야기를) 지어내다, 화장하다

04 run after 뒤쫓다

05 wash[do] the dishes 설거지하다

형용사 중심 표현

06 be filled with …로 가득 차다

전치사 중심 표현 · 부사어

07 a pair of (같은 것 2개로 된) 한 쌍[켤레]의

08 again and again 몇 번이고, 되풀이해서

09 from now on 지금부터 계속

잘 만났다 구문 표현!

10 not ... at all 전혀 … 아니다

25

DAY 26

동사 중심 표현

01	call out	큰 소리로 부르다[외치다]
02	care about	걱정[염려]하다, …에 마음[신경]쓰다
03	laugh at	비웃다, 보고[듣고] 웃다
04	make a plan	계획을 세우다
05	pass by	지나가다, (시간이) 지나다

형용사 중심 표현

| 06 | be worth ⓥ-ing | …할 가치가 있다 |

전치사 중심 표현 · 부사어

07	a couple of	둘의, 몇몇의
08	a kind of	일종의
09	at[in] the end of	…의 끝에

잘 만났다 구문 표현!

| 10 | not ... any longer[more] =no longer[more] | 더 이상 … 않다 |

26

DAY 27

01	agree with	…에(게) 동의하다, …와 (의견이) 일치하다, …에 맞다
02	cry out	큰 소리로 외치다
03	do a good job	일을 잘 해내다
04	enjoy oneself	즐겁게 지내다
05	make up one's mind	결심[결정]하다

형용사 중심 표현

06	be curious about	…을 궁금해하다

전치사 중심 표현 · 부사어

07	a long time ago	오래전에, 옛날에
08	all the way	내내[줄곧]
09	in the middle of	…의 한가운데[도중]에

잘 만났다 구문 표현!

10	not always/ every[all] ... not	언제나/모든 것이 …인 것은 아니다(부분 부정)

27

DAY 28

동사 중심 표현

01 have[get] a chance to ⓥ   …할 기회를 갖다

02 plan to ⓥ   …할 계획이다

03 take it easy   쉬엄쉬엄하다, 진정하다, (작별 인사) 안녕

04 turn around   돌아서다, 돌다[돌리다]

05 work for   …을 위해 일하다, …에 근무하다

형용사 중심 표현

06 be known to ⓝ   …에 알려져 있다

전치사 중심 표현 · 부사어

07 in a hurry   서둘러, 급히

08 in the past   과거에

09 one another   서로

잘 만났다 구문 표현!

10 사역동사 + 목적어 + ⓥ(원형부정사)   …에게 ~를 시키다[하게 하다]

DAY 29

동사 중심 표현

01	finish ⓥ-ing	…하는 것을 끝마치다
02	go to sleep	잠들다
03	have a headache	머리가 아프다
04	leave for	…을 향해 떠나다[출발하다]
05	mind ⓥ-ing	…하는 것을 꺼리다

형용사 중심 표현

| 06 | be (well) known for | …로 (매우) 유명하다 |

전치사 중심 표현 · 부사어

07	after all	결국, 어쨌든
08	in time	때를 맞춰, 늦지 않게
09	most of all	무엇보다도

잘 만났다 구문 표현!

| 10 | have[get] + 목적어 + 과거분사 | …가 ~되게 하다, …를 ~ 당하다 |

29

DAY 30

동사 중심 표현

01 bring about   일으키다, 생기게 하다

02 give (...) a big hand   (…에게) 박수갈채를 보내다

03 have no idea   전혀 모르다

04 point to ⓝ   가리키다

05 turn A (in)to B   A를 B로 바꾸다

형용사 중심 표현

06 be made up of   …로 이루어지다[구성되다]

전치사 중심 표현 · 부사어

07 a group of   한 무리의, 한 떼의

08 far from   …로부터 먼[멀리], 결코 …이 아닌

09 in trouble   곤경에 빠진

잘 만났다 구문 표현!

10 So[Neither] + (조)동사 + 주어   …도 또한 그렇다[그렇지 않다]

30

동사 중심 표현

01	**get back**	돌아오다[가다], 되돌려 받다
02	**look into**	들여다보다, 조사하다
03	**move to[into]**	…로 이사[이동]하다
04	**stand in line**	줄을 서다
05	**turn right/left**	우/좌회전을 하다

형용사 중심 표현

06	**be over**	끝나다

전치사 중심 표현 · 부사어

07	**as a result**	결과적으로
08	**for sale**	팔려고 내놓은, 판매용인
09	**in many/some ways**	여러/몇 가지 면에서

잘 만났다 구문 표현!

10	**so 형용사/부사 (that)**	너무 ~해서 …하다(결과)

DAY 32

01	fall down	넘어지다, 무너지다, 떨어지다
02	fall in love (with)	(…와) 사랑에 빠지다
03	sound like	…처럼 들리다, …인 것 같다
04	take[make] a trip (to ⓝ)	(…을) 여행하다
05	watch out (for)	(…을) 조심[주의]하다

| 06 | be made from | …로 만들어지다 |

07	as you know	너[여러분]도 알다시피
08	here and there	여기저기(에)
09	on foot	걸어서

| 10 | so that | …하기 위하여, …하도록(목적) |

DAY 33

동사 중심 표현

01	**get married (to 사람)**	(…와) 결혼하다
02	**go on a picnic/trip**	소풍/여행을 가다
03	**look out**	밖을 내다보다, 조심하다
04	**put off (ⓥ-ing)**	미루다, 연기하다
05	**get some rest**	좀 쉬다[휴식을 취하다]

형용사 중심 표현

06	**be popular with**	…에게 인기가 좋다

전치사 중심 표현 · 부사어

07	**above all**	무엇보다도, 특히
08	**for a moment**	잠시 동안
09	**once upon a time**	옛날에

잘 만났다 구문 표현!

10	**as 형용사/부사 as possible[one can]**	가능한 한 …한/하게

DAY 34

34

DAY 35

01	advise A to ⓥ	A에게 …하라고 조언하다
02	do ... a favor	…의 부탁을 들어주다, …에게 호의를 베풀다
03	fill A with B	A를 B로 채우다
04	keep (...) in mind	…을 명심[유념]하다
05	take place	(사건 등이) 일어나다, (행사 등이) 열리다

형용사 중심 표현

| 06 | be[get] angry with [at, about] | …에게[에 대해] 화를 내다 |

전치사 중심 표현 · 부사어

07	at a time	한 번에
08	on the phone	전화상으로, 통화 중인
09	sooner or later	조만간

잘 만났다 구문 표현!

| 10 | 배수사 + as 형용사/부사 as ... = 배수사 + 비교급 + than ... | …의 몇 배 더 ~한 |

DAY 36

01	reach for	…로 손을 뻗다
02	get off	(탈것에서) 내리다
03	give out	공개[발표]하다, (소리·빛 등을) 내다, 나눠주다
04	have trouble[difficulty]	어려움을 겪다
05	stand for	나타내다[의미하다], 지지하다

06	be similar to ⓝ	…와 비슷하다

07	after a while	잠시 후에, 곧
08	less than	…보다 적은[… 미만]
09	so far	지금까지, 여기까지

10	(much, a lot, even, far, still +) 비교급 + than	…보다 (훨씬) 더 ~한

DAY 37

DAY 38

01	fill in	채우다[메우다]
02	get[be] lost	길을 잃다
03	expect A to ⓥ	A가 …하기를 기대[요구]하다[바라다]
04	send out	내보내다, 발송하다
05	have an effect on	…에 영향을 미치다

형용사 중심 표현

| 06 | be surprised at | …에 놀라다 |

전치사 중심 표현 · 부사어

07	a cup/glass of	한 컵/잔의
08	according to ⓝ	…에 따르면, …에 따라서
09	for some time	한동안

잘 만났다 구문 표현!

| 10 | 비교급 and 비교급 | 점점 더 …한 |

38

DAY 39

동사 중심 표현

01	hang out (with)	(…와) 많은 시간을 보내다
02	prevent A from ⓥ-ing	A가 …하는 것을 막다
03	get out of	…에서 나오[가]다, …에서 내리다
04	go for a walk/drive/jog	산책/드라이브/조깅하러 가다
05	give a speech	연설을 하다

형용사 중심 표현

| 06 | be busy with | …로 바쁘다 |

전치사 중심 표현 · 부사어

07	a great deal of	(양이) 많은, 다량의
08	ahead of	…보다 앞에[앞서서]
09	from time to time	때때로, 가끔

잘 만났다 구문 표현!

| 10 | 비교급 + than any other+ 단수명사=부정 주어 + 비교급 + than=the 최상급 | 가장 …한 |

DAY 40

동사 중심 표현

01	care for	돌보다, 좋아하다
02	give away	거저 주다
03	go out of	…에서 밖으로 나가다
04	have a talk (with)	(…와) 이야기를 나누다
05	run out of	…이 바닥나다, 다 써버리다

형용사 중심 표현

06	be short of	…가 부족하다

전치사 중심 표현 · 부사어

07	for a minute	잠시 동안
08	in the end	끝내, 마침내
09	in those days	그 당시에는, 그때는

잘 만났다 구문 표현!

10	What a[an] 형용사 + 명사 (주어 + 동사)!/How 형용사 [부사] (주어 + 동사)!	정말 …구나!(감탄문)

40

DAY 41

동사 중심 표현

01	add A to B(n)	B에 A를 더하다[첨가하다]
02	cannot[can't] help v-ing	…하지 않을 수 없다
03	change (in)to	…로 바뀌다[변하다]
04	share A with B	A를 B와 나누다[함께 하다]
05	try v-ing	(시험 삼아) …해보다, 시도하다

형용사 중심 표현

06	be based on	…에 바탕을 두다, …에 근거하다

전치사 중심 표현 · 부사어

07	across from	…의 맞은편에
08	on sale	할인 판매 중인, 판매 중인
09	the other day	일전에[며칠 전에]

잘 만났다 구문 표현!

10	명령문, and/or	…해라, 그러면/그렇지 않으면 ~

DAY 42

동사 중심 표현

01	consist of	…로 이루어지다, …로 구성되다
02	drop by	들르다
03	make fun of	놀리다
04	shake hands (with)	(…와) 악수하다
05	take pride in	자랑스러워하다

형용사 중심 표현

| 06 | be crowded with | …로 붐비다 |

전치사 중심 표현 · 부사어

07	every[each] time	…할 때마다, 언제나[매번]
08	in danger	위험에 빠진
09	in silence	조용히, 말없이

잘 만났다 구문 표현!

| 10 | as soon as | …하자마자 |

DAY 43

동사 중심 표현

01	ask ... a favor	…에게 부탁하다
02	get in	(승용차처럼 작은 것을) 타다
03	give (...) a hand	(…을) 도와주다
04	protect A from [against] B	A를 B로부터 지키다[보호하다]
05	take ... apart	(기계 등을) 분해하다

형용사 중심 표현

06	be made into	…가 되다

전치사 중심 표현 · 부사어

07	at the top of	…의 맨 위에, …의 일등인
08	for instance	예를 들면
09	in addition	게다가

잘 만났다 구문 표현!

10	even if[though]	비록 …일지라도

DAY 44

동사 중심 표현

01	**break out**	(전쟁·화재가) 발발[발생]하다
02	**die from**	(부상, 부주의 등으로) 죽다
03	**feel like**	…하고 싶다, …라는 느낌이 들다, …인[일] 것 같다
04	**hang up**	전화를 끊다, 걸어두다
05	**look up**	찾아보다, 올려다보다

형용사 중심 표현

06	**be addicted to ⓝ**	…에 중독되어 있다[빠져 있다]

전치사 중심 표현 · 부사어

07	**in public**	공개적으로[사람들이 있는 데서]
08	**on purpose**	일부러[고의로]
09	**one by one**	한 명씩[하나씩]

잘 만났다 구문 표현!

10	**If** 과거동사, 과거조동사 + 동사원형	~한다면[이라면] …할 텐데[일 텐데] (현재·미래 사실 반대 가정)

44

DAY 45

동사 중심 표현

01	look through	훑어보다, 통해 보다, 뒤지다
02	make an effort	노력하다
03	make (good) use of	(잘) 이용하다
04	see a doctor	진찰을 받다
05	turn (in)to	…로 바뀌다[변하다]

형용사 중심 표현

| 06 | be[get] used to ⓝ[ⓥ-ing] | …에 익숙하다[익숙해지다] |

전치사 중심 표현 · 부사어

07	a variety of	여러 가지의[다양한]
08	in the distance	멀리서
09	with joy	기뻐서

잘 만났다 구문 표현!

| 10 | If had 과거분사, 과거조동사 + have 과거분사 | ~했더라면[였더라면] …했을 텐데[였을 텐데] (과거 사실 반대 가정) |

45

DAY 46

동사 중심 표현

01	focus on	…에 초점을 맞추다, …에 집중하다
02	make a reservation	예약하다
03	make oneself at home	편안히 하다
04	set the table	식탁을 차리다
05	turn over	뒤집다, 넘기다

형용사 중심 표현

| 06 | be familiar to ⓝ | …에게 익숙하다[친숙하다] |

전치사 중심 표현 · 부사어

07	at noon/midnight	정오/자정에
08	at the beginning (of)	(…의) 처음[초]에
09	or so	(수량 뒤에서) …쯤, 정도

잘 만났다 구문 표현!

| 10 | as if[though] + 과거동사 | 마치 …인 것처럼(현재 사실 반대 가정) |

46

DAY 47

01	get rid of	없애다, 제거하다
02	go abroad	외국[해외]에 가다
03	make a call	전화하다
04	pass away	돌아가시다, 죽다
05	succeed in	…에 성공하다

형용사 중심 표현

| 06 | be anxious about | …에 대해 걱정[염려]하다 |

전치사 중심 표현 · 부사어

07	as far as	…까지, …하는 한
08	in half	절반으로
09	little by little	조금씩, 점차로

잘 만났다 구문 표현!

| 10 | I wish + 과거동사 | …한다면 좋을 텐데(현재 사실 반대 가정) |

DAY 48

동사 중심 표현

01 get[catch] one's attention · · ·의 관심을 끌다

02 fight for/against · · ·을 위해/· · ·에 맞서 싸우다

03 get well (병이) 낫다, 회복하다

04 have[get, take] a seat 자리에 앉다

05 hit (up)on 생각해내다

형용사 중심 표현

06 be scared of ~을 무서워하다

전치사 중심 표현 · 부사어

07 as usual 여느 때처럼, 평소와 같이

08 on earth 지구상, (의문문에서) 도대체, (부정문에서) 세상의

09 upside down 거꾸로, (위가 아래로 되게) 뒤집혀

잘 만났다 구문 표현!

10 How much/many/old/ long/tall/high/fast/ far/large/often/soon/ many times?

얼마나
많은(양)/많은(수)/나이 든/오래[긴]/
키 큰/높이/빨리/멀리/
큰/자주/일찍/
여러 번?

DAY 49

01	take turns	교대로[돌아가며] 하다
02	go wrong	(일이) 잘 안 되다, 고장 나다, 길을 잘못 들다
03	prefer A(n) to B(n)	B보다 A를 더 좋아하다
04	see ... off	배웅[전송]하다
05	take[have] a look at	보다

| 06 | be (of) no use | 쓸모없다 |

07	day and night	밤낮으로, 항상
08	first of all	무엇보다도 먼저[우선]
09	over and over (again)	여러 번, 반복해서

| 10 | What time/day/kind/ size? | 몇 시/무슨 요일/ 어떤 종류/무슨 치수? |

49

DAY 50

DAY 51

01	come up	다가오다, (떠)오르다, 싹트다
02	fall asleep	잠들다
03	get out	나가다
04	put together	모아 만들다[합하다], 조립하다
05	slow down	(속도를) 늦추다

형용사 중심 표현

| 06 | be free to ⓥ | 마음대로[자유롭게] …하다 |

전치사 중심 표현·부사어

07	hand in hand	서로 손 잡고
08	at the bottom of	…의 아래쪽[밑바닥]에
09	in pairs	둘씩 짝지어

잘 만났다 구문 표현!

| 10 | 의문사(who/which/where/when/why/how) + 주어 + 동사 | …인지(명사절: 주어·보어·목적어 기능) |

51

DAY 52

동사 중심 표현

01	check in	(호텔·공항에서) 투숙[탑승] 수속을 하다
02	play a role	역할을 하다
03	pull out	꺼내다, 뽑다
04	show up	나타나다
05	take notes (of)	노트하다[필기하다]

형용사 중심 표현

| 06 | be ashamed of | 부끄러워하다 |

전치사 중심 표현 · 부사어

07	as well	…도 또한, 게다가
08	day after day	날마다, 매일매일
09	a number of	몇몇의[여러]

잘 만났다 구문 표현!

| 10 | whether ... (or not) | …인지 (아닌지)(명사절), …이든지 (아니든지)(부사절) |

DAY 53

01	have a runny nose	콧물이 나다
02	put up with	참다
03	set ... free	풀어주다, 자유롭게 하다
04	seem like	…인 것 같다[…처럼 보이다]
05	surf the Internet	인터넷을 서핑하다

| 06 | be harmful to ⓝ | …에 해롭다 |

07	for oneself	스스로[직접], 자신을 위해
08	on the other hand	한편, 반면에
09	(With) best wishes	행운[성공]을 빌며

| 10 | if + 주어 + 동사 | …인지(명사절), 만약 …한다면(조건 부사절) |

53

DAY 54

01	come to ⓥ/ⓝ	…하게 되다/…에 이르다, …이 되다
02	gain[put on]/lose weight	체중이 늘다/줄다
03	make a fire	불을 피우다
04	make a speech	연설을 하다
05	pay back	(돈을) 갚다, 보복하다

형용사 중심 표현

06	be likely to ⓥ	…할 것 같다

전치사 중심 표현 · 부사어

07	a sheet of	한 장의 …
08	on fire	불이 나서, 불타서
09	on the other side (of)	(…의) 반대쪽[맞은편]에, (…의) 다른 곳에

잘 만났다 구문 표현

10	that + 주어 + 동사	…것(명사절: 주어 · 보어 · 목적어 · 동격 기능)

DAY 55

01	cut off	잘라내다, 끊다
02	fill out	(서식을) 작성하다
03	give off	(냄새·빛 등을) 내뿜다, 방출하다
04	prepare for	준비[대비]하다
05	end up (ⓥ-ing)	결국 …(하게) 되다

형용사 중심 표현

| 06 | be a big fan of | …의 열혈팬이다, …을 아주 좋아하다 |

전치사 중심 표현 · 부사어

07	all night (long)	밤새도록
08	along with	…와 함께, …에 더하여
09	in case of	… (발생) 시에는

잘 만났다 구문 표현!

| 10 | It be + 강조할 대상(주어·목적어·부사어) + that … | …한 것은 바로 ~이다(강조 구문) |

55

DAY 56

01	come to an end	끝나다
02	hold out	내밀다
03	long for[to ⓥ]	간절히 바라다
04	set out	출발하다, 시작하다, (음식 등을) 차려놓다
05	stay up	자지 않고 일어나 있다

형용사 중심 표현

| 06 | be responsible for | …에 책임이 있다, …의 원인이 되다 |

전치사 중심 표현 · 부사어

07	in advance	미리
08	step by step	한 걸음씩, 차근차근
09	from side to side	좌우로

잘 만났다 구문 표현!

| 10 | It takes (A) 시간 to ⓥ | (A가) …하는 데 시간이 걸리다 |

56

DAY 57

01	**break down**	고장 나다, 부수다, 분해하다
02	**bring up**	기르다, 양육하다
03	**suffer from**	…로 고통받다
04	**go across**	건너가다, 가로질러 가다
05	**look up to** ⓝ	존경하다, 우러러보다

| 06 | **be sick of** | …에 싫증 나다, …에 질리다 |

07	**all of a sudden**	갑자기
08	**in a second[minute]**	곧
09	**in[with] surprise**	놀라서

| 10 | 관계대명사(**who · which · that**) + 주어 + 동사 | …인[하는](형용사절) |

57

DAY 58

01	begin with	…부터[로] 시작하다
02	come up with	생각해내다
03	inform A of[about]	A에게 …을 알리다
04	lose/regain one's sight	시력을 잃다/회복하다
05	take an exam	시험을 보다

형용사 중심 표현

| 06 | be anxious to ⓥ[for] | 갈망하다[간절히 바라다] |

전치사 중심 표현 · 부사어

07	up to ⓝ	…까지, …에 달려 있는[…가 (결정)할 일인]
08	in a row	한 줄로, 연달아
09	one after another	(셋 이상이) 차례로, 잇달아

잘 만났다 구문 표현!

| 10 | 관계부사(when·where· why·how) + 주어 + 동사 | …인[하는](형용사절) |

58

DAY 59

01 **check out** (책 등을) 대출하다, (호텔·슈퍼에서) 계산하고 나오다, 확인[점검]하다

02 **complain about[of]** …에 대해 불평[항의]하다

03 **show off** 자랑하다

04 **fall off** 떨어지다

05 **make a promise** 약속을 하다

06 **be friendly with** …와 사이가 좋다

07 **due to ⓝ** … 때문에

08 **in the center of** …의 중심에

09 **plenty of** 많은, 다수[다량]의

10 **one ... the other** (둘 중의) 하나 … 나머지 하나

59

DAY 60

01	**look back (on)**	(…을) 되돌아보다
02	**fill up**	가득 채우다[차다]
03	**hold up**	들어 올리다, 떠받치다
04	**promise to ⓥ**	…하기로 약속하다
05	**run into**	우연히 만나다, …와 충돌하다

| 06 | **be familiar with** | …을 잘 알다[…에 익숙하다] |

07	**at work**	일터에서, 일하고 있는
08	**by now**	지금쯤[이제]
09	**to one's surprise**	놀랍게도

| 10 | **It's no use ⓥ-ing** | …해봐야 소용없다 |

동사 중심 표현

01	search for	찾다, 수색[검색]하다
02	give it a try	시도하다[한번 해보다]
03	have ... in common	공통으로 …을 갖고 있다
04	make up for	벌충[만회/보상]하다
05	mean to ⓥ	작정하다, 의도하다
06	turn away	돌아서다, (몸을) 딴 데로 돌리다

형용사 중심 표현

07	be thankful for	…에 대해 감사히 여기다

전치사 중심 표현 · 부사어

08	in other words	다시 말해서
09	in general	일반적으로
10	in harmony with	…와 조화를 이루어

61

동사 중심 표현

01	go ahead	시작하다, (회화에서) 그렇게 해요
02	make a choice	선택하다
03	pick out	고르다[선발하다], 알아보다[식별하다]
04	give ... a ride	…을 태워 주다
05	provide A with B	A(사람·사물)에게 B(사물)를 공급[제공]하다
06	take one's time	(서두르지 않고) 천천히 하다

형용사 중심 표현

| 07 | be located in[at] | …에 있다, 위치하다 |

전치사 중심 표현 · 부사어

08	in reality	실제는, 사실상
09	no wonder	…은 당연하다, 놀랄 것도 없다
10	on display	전시[진열]된

업그레이딩 숙어
DAY 03

동사 중심 표현

01 cut in line
새치기하다

02 devote oneself to ⓝ
…에 몰두[전념]하다, …에 헌신하다

03 keep A from B (ⓥ-ing)
A가 B하는 것을 막다[못하게 하다]

04 watch one's step
조심해서 걷다[발밑을 조심하다], (행동을) 조심하다

05 take away
없애다[빼앗다], 가져가다[데려가다]

06 give in
굴복하다, 제출하다

형용사 중심 표현

07 be eager for[to ⓥ]
열망하다[간절히 바라다]

전치사 중심 표현 · 부사어

08 by mistake
실수로

09 depending on
…에 따라

10 out of breath
숨이 차서

동사 중심 표현

01	call up	전화하다
02	calm down	진정시키다, 진정하다
03	go through	겪다
04	have a sore throat	목이 아프다
05	remind A of B	A에게 B를 떠올리게[생각나게] 하다
06	stop A from B(ⓥ-ing)	A가 B하는 것을 막다[못하게 하다]

형용사 중심 표현

| 07 | be impressed by [with] | …에 감동받다 |

전치사 중심 표현 · 부사어

08	by the time (that)	…할 즈음, …할 때까지
09	in return (for)	(…에 대한) 보답으로[대가로]
10	that is (to say)	즉

동사 중심 표현

01	**fit in**	잘 어울리다[맞다]
02	**divide A into B**	A를 B로 나누다
03	**head for**	…로 향하다[향해 나아가다]
04	**hand out**	나누어 주다
05	**put away**	(보관 장소에) 치우다
06	**regard A as B**	A를 B로 여기다[간주하다, 생각하다]

형용사 중심 표현

07	**be content with**	…에 만족하다

전치사 중심 표현 · 부사어

08	**all at once**	갑자기, 모두 동시에[한꺼번에]
09	**except for**	…을 제외하고
10	**as[so] long as**	~하기만 하면[~하는 한]

동사 중심 표현

01	cause A to B(v)	A가 B하게 하다
02	contribute to (n)	…에 기여하다
03	fail in	…에 실패하다
04	have a cough	기침하다
05	stare at	빤히 보다, 응시하다
06	turn out	…로 드러나다[밝혀지다], (전등·수도 등을) 끄다[잠그다]

형용사 중심 표현

07	be concerned with	…에 관심이 있다, …와 관련되다

전치사 중심 표현·부사어

08	a large[huge] amount of	많은 양의
09	the rest of	…의 나머지[나머지의 …]
10	what is more	더욱이, 게다가

동사 중심 표현

01	carry out	수행[이행]하다
02	catch up with	따라잡다
03	turn down	(소리 등을) 낮추다, 거절[거부]하다
04	prefer to A(ⓥ) (rather than B(ⓥ))	(B하기보다) A하기를 더 좋아하다
05	pull up	(차를) 멈추다, 잡아 올리다
06	work out	운동하다, (문제를) 풀다, (계획을) 세우다, 잘되어 가다

형용사 중심 표현

07	be allowed to ⓥ	…하도록 허락[허용]되다

전치사 중심 표현 · 부사어

08	by chance	우연히, 뜻밖에
09	in contrast	대조적으로
10	in favor of	…에 찬성하여, …을 위하여

동사 중심 표현

01	cooperate with	…와 협력하다
02	expect to ⓥ	…하기를 기대[예상]하다
03	have respect for	존경하다, 존중하다
04	leave ... behind	두고 오다[가다]
05	lie down	눕다
06	make a (big) difference	(큰) 차이를 만들다[영향이 있다]

형용사 중심 표현

07	be aware of	~을 알고[눈치채고] 있다

전치사 중심 표현 · 부사어

08	a slice of	얇게 썬 한 조각의
09	for good	영원히
10	in person	본인이 직접, 몸소

동사 중심 표현

01	**come to mind**	(갑자기) 생각[기억]나다
02	**wrap up**	싸다[포장하다], 마무리하다
03	**pass through**	지나가다[통과하다]
04	**figure out**	이해하다[알아내다], 계산하다
05	**wish to** ⓥ	…하기를 바라다[소망하다]
06	**drive away**	차를 타고 떠나다, 떠나게 하다

형용사 중심 표현

07	**be willing to** ⓥ	기꺼이 …하다

전치사 중심 표현 · 부사어

08	**in need**	어려운 때, 곤경에 처한
09	**no way**	조금도 … 않다, (요구 · 제안에 대해) 싫다
10	**now (that)**	이제 ~이므로[~이기 때문에]

MEMO

MEMO